# Verbtabellen
# Italienisch

von
Mimma Diaco
Laura Kraft

Ernst Klett Sprachen
Barcelona • Budapest • London • Posen • Sofia • Stuttgart

# PONS
# Verbtabellen Italienisch

von Mimma Diaco und
Laura Kraft

Dieses Werk ist inhaltlich identisch mit
*Verbtabellen Italienisch*, ISBN 3-12-560983-6.

Auflage A 1 [7] [6] [5]   I 2005  2004  2003  2002

© Ernst Klett Sprachen GmbH, Rotebühlstraße 77,
70178 Stuttgart, 2002
erschienen im Ernst Klett Verlag GmbH, Rotebühlstraße 77,
70178 Stuttgart, 2000
Internet: http://www.pons.de
e-mail: info@pons.de

Redaktion: Regina Reinboth-Kämpf
Einbandgestaltung: Erwin Poell, Heidelberg;
Designbüro MESCH, Mannheim
Layout/Satz: Angelika Völker,
Fotosatz Kaufmann, Stuttgart
Druck: Druckerei zu Altenburg, Altenburg
Printed in Germany
ISBN 3-12-560846-5

# Inhalt

# So benutzen Sie dieses Buch

Sie wollen sich die Formen eines bestimmten Verbs einprägen und dabei auf Besonderheiten und Unregelmäßigkeiten aufmerksam gemacht werden, Sie möchten aber auch eine seltene Verbform rasch und gezielt nachschlagen können.

Die PONS Verbtabellen Italienisch bieten Ihnen übersichtliche Konjugationstabellen zu 61 regelmäßigen und unregelmäßigen Musterverben, einem reflexiven Verb und zum Passiv. Diese Konjugationsmuster zeigen Ihnen alle Formen – auch die zusammengesetzten – auf einen Blick; auf Besonderheiten wird durch farbliche Hervorhebung und praktische Faustregeln hingewiesen. Zusätzlich werden in verkürzter Form weitere 52 beispielhafte Verben mit ihren typischen Unregelmäßigkeiten vorgestellt.

## Aufbau der Konjugationstabellen

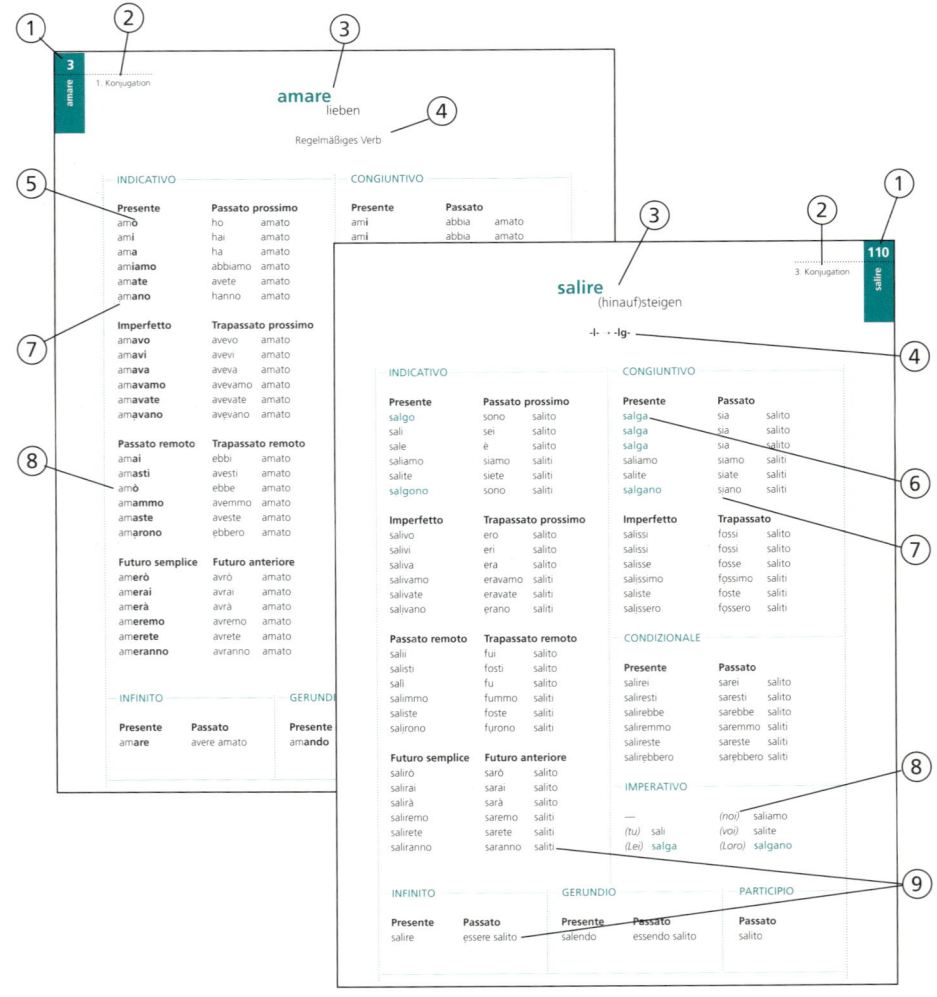

(1) **Konjugationsnummer:** Mit Hilfe dieser Nummer lassen sich alle in der alphabetischen Verbliste aufgeführten Verben dem jeweils entsprechenden Konjugationsmuster zuordnen.

(2) **Verbgruppe:** Gibt an, zu welcher der drei italienischen Verbgruppen das Musterverb gehört:

1. Konjugation: Verben auf **-are**
2. Konjugation: Verben auf **-ere**
3. Konjugation: Verben auf **-ire**

(3) **Musterverb mit Übersetzung:** Verb, das exemplarisch für alle ähnlichen Verben (mit gleicher Konjugationsnummer) steht.

(4) **Kurzcharakteristik:** Merksatz zu den Besonderheiten/Unregelmäßigkeiten des Konjugationsmusters.

(5) **Markierung der Endungen:** Bei den regelmäßigen Musterverben der 1., 2. und 3. Konjugation (Nr. 3, 15/16 und 101) sind die Endungen – Kennzeichen dieser Verbgruppen – fett hervorgehoben.

(6) **Farbliche Hervorhebung:** Alle Formen, die vom regelmäßigen Konjugationsschema abweichen, sind grün hervorgehoben.

(7) **Betonungspunkte:** Die meisten italienischen Wörter werden auf der vorletzten Silbe betont. Weicht eine Verbform von dieser Regel ab, ist die betonte Silbe durch einen Punkt gekennzeichnet.

(8) **Personalpronomen:** Sind nicht zusammen mit der konjugierten Form aufgeführt, da das italienische Personalpronomen (*io, tu, Lei...*) in der Regel nur dann gebraucht wird, wenn es betont werden soll. Lediglich beim Imperativ sind die Personalpronomen zur besseren Orientierung in Klammern angegeben.

(9) **Verzicht auf feminine Formen:** Aus Gründen der Übersichtlichkeit wurde bei den mit *essere* konjugierten Verben lediglich die maskuline Form des Partizips angeführt (*sono andato* anstatt *sono andato/-a, siamo andati* anstatt *siamo andati/-e*).

In der alphabetischen Verbliste am Ende der PONS Verbtabellen Italienisch finden Sie ca. 1.550 weitere regelmäßige und unregelmäßige Verben mit Verweis auf das Konjugationsmuster, nach dessen Vorbild die Formen des gesuchten Verbs gebildet werden. Zusätzlich informiert Sie diese Liste über die Verwendung von *avere* und *essere*.

Übrigens: Seite 7 bietet Ihnen einen systematischen Überblick über wichtige orthographische Besonderheiten. Und ab Seite 80 helfen Ihnen zahlreiche nützliche Beispiele bei der Wahl der richtigen Präpositionen für die häufigsten italienischen Verben.

# Grammatikbegriffe in der Übersicht

| Italienisch | Latein | Deutsch |
|---|---|---|
| accentazione | – | Betonung |
| condizionale passato | Konditional II | Bedingungsform II |
| condizionale presente | Konditional I | Bedingungsform I |
| congiuntivo | Konjunktiv | Möglichkeitsform |
| coniugazione | Konjugation | Beugung des Zeitworts |
| desinenza | – | Endung |
| femminile | feminin | weiblich |
| futuro anteriore | Futur II | vollendete Zukunft |
| futuro semplice | Futur I | unvollendete Zukunft |
| gerundio | Gerundium | Verlaufsform |
| imperativo | Imperativ | Befehlsform |
| imperfetto | Imperfekt | unvollendete Vergangenheit |
| indicativo | Indikativ | Wirklichkeitsform |
| infinito | Infinitiv | Grundform des Zeitworts |
| maschile | maskulin | männlich |
| participio passato | Partizip Perfekt | Mittelwort der Vergangenheit |
| passato prossimo | Perfekt | vollendete Gegenwart |
| passato remoto | historisches Perfekt | historische Vergangenheit |
| passivo | Passiv | Leideform |
| plurale | Plural | Mehrzahl |
| preposizione | Präposition | Verhältniswort |
| presente | Präsens | Gegenwart |
| pronome personale | Personalpronomen | persönliches Fürwort |
| sillaba | – | Silbe |
| singolare | Singular | Einzahl |
| soggetto | Subjekt | Satzgegenstand |
| tempo composto | – | zusammengesetzte Zeit |
| tempo semplice | – | einfache Zeit |
| trapassato prossimo | Plusquamperfekt | Vorvergangenheit |
| trapassato remoto | Plusquamperfekt | Vorvergangenheit |
| verbo | Verb | Zeitwort |
| verbo ausiliare | Hilfsverb | Hilfszeitwort |
| verbo irregolare | unregelmäßiges Verb | unregelmäßiges Zeitwort |
| verbo regolare | regelmäßiges Verb | regelmäßiges Zeitwort |
| verbo riflessivo | reflexives Verb | rückbezügliches Zeitwort |

# Orthographische Besonderheiten

Zahlreiche italienische Verben weisen regelmäßige orthographische Veränderungen auf, damit die Aussprache der Grundform beibehalten werden kann:

- Bei Verben, die auf **-care** und **-gare** enden, wird vor den Endungen **-e** und **-i** ein **-h-** eingefügt, d. h. also: **c** → **ch** und **g** → **gh.**

  cer**care**    →    cer**c**o, cer**ch**i, cer**c**a, cer**ch**iamo, …
  pa**gare**     →    pa**g**o, pa**gh**i, pa**g**a, pa**gh**iamo, …

- Verben auf **-ciare**, **-giare** und **-sciare** verlieren das **-i-** ihres Stamms vor Endungen, die mit **-i** oder **-e** anfangen.

  ba**ciare**    →    ba**c**i, …, ba**c**iamo, …
  man**giare**   →    man**g**erò, man**g**erai, …
  la**sciare**   →    la**sc**iamo, la**sc**erete, …

- Bei Verben auf **-iare** entfällt unbetontes **-i-** vor dem **-i** der Endung.

  stud**iare**   →    stud**i**o, stud**i**, stud**i**a, stud**i**amo, …

  Betontes **-i-** bleibt jedoch erhalten.

  avv**iare**    →    avv**i**o, avv**ii**, avv**i**a, …; avv**i**ino, …

- Achtung! Bei Verben auf **-cere** und **-gere** variiert die Aussprache von **-c-** und **-g-** je nach der Endung, es wird also kein Buchstabe eingefügt oder geändert.

  vin**cere**    →    vin**c**o, vin**c**i, vin**c**e, vin**c**iamo, …
  leg**gere**    →    leg**g**o, leg**g**i, leg**g**e, leg**g**iamo, …

  Doch keine Regel ohne Ausnahme: Bei **cuocere** wird die Aussprache der Grundform beibehalten und daher vor **-a** und **-o** ein **-i-** eingeschoben, d. h. also: **c** → **ci.**

  cuo**cere**    →    cuo**ci**o, cuo**c**i, cuo**c**e, cuo**ci**amo, …

- Aber: Verben auf **-cere**, die das *Participio passato* regelmäßig auf **-uto** bilden, erhalten vor dieser Endung zusätzlich ein **-i-**.

  pia**cere**    →    pia**ci**uto
  conos**cere**  →    conos**ci**uto

- Bei Verben, die auf **-cire** enden, wird vor den Endungen **-a** und **-o** ein **-i-** eingeschoben, d. h. also: **c** → **ci.**

  cu**cire**→    cu**ci**o, cu**c**i, …, cu**ci**ono, …

- Achtung! Bei Verben auf **-gire** wird die Aussprache von **-g-** durch die Endung bestimmt, d. h. es erfolgt keine Änderung.

  fug**gire**    →    fug**g**o, fug**g**i, fug**g**e, …

# essere
## sein

Hilfsverb

---

## INDICATIVO

| Presente | Passato prossimo | |
|---|---|---|
| sono | sono | stato |
| sei | sei | stato |
| è | è | stato |
| siamo | siamo | stati |
| siete | siete | stati |
| sono | sono | stati |

| Imperfetto | Trapassato prossimo | |
|---|---|---|
| ero | ero | stato |
| eri | eri | stato |
| era | era | stato |
| eravamo | eravamo | stati |
| eravate | eravate | stati |
| erano | erano | stati |

| Passato remoto | Trapassato remoto | |
|---|---|---|
| fui | fui | stato |
| fosti | fosti | stato |
| fu | fu | stato |
| fummo | fummo | stati |
| foste | foste | stati |
| furono | furono | stati |

| Futuro semplice | Futuro anteriore | |
|---|---|---|
| sarò | sarò | stato |
| sarai | sarai | stato |
| sarà | sarà | stato |
| saremo | saremo | stati |
| sarete | sarete | stati |
| saranno | saranno | stati |

## CONGIUNTIVO

| Presente | Passato | |
|---|---|---|
| sia | sia | stato |
| sia | sia | stato |
| sia | sia | stato |
| siamo | siamo | stati |
| siate | siate | stati |
| siano | siano | stati |

| Imperfetto | Trapassato | |
|---|---|---|
| fossi | fossi | stato |
| fossi | fossi | stato |
| fosse | fosse | stato |
| fossimo | fossimo | stati |
| foste | foste | stati |
| fossero | fossero | stati |

## CONDIZIONALE

| Presente | Passato | |
|---|---|---|
| sarei | sarei | stato |
| saresti | saresti | stato |
| sarebbe | sarebbe | stato |
| saremmo | saremmo | stati |
| sareste | sareste | stati |
| sarebbero | sarebbero | stati |

## IMPERATIVO

| — | | (noi) | siamo |
|---|---|---|---|
| (tu) | sii | (voi) | siate |
| (Lei) | sia | (Loro) | siano |

---

## INFINITO

| Presente | Passato |
|---|---|
| essere | essere stato |

## GERUNDIO

| Presente | Passato |
|---|---|
| essendo | essendo stato |

## PARTICIPIO

| Passato |
|---|
| stato |

# avere
haben

Hilfsverb

## INDICATIVO

| Presente | Passato prossimo | |
|---|---|---|
| ho | ho | avuto |
| hai | hai | avuto |
| ha | ha | avuto |
| abbiamo | abbiamo | avuto |
| avete | avete | avuto |
| hanno | hanno | avuto |

| Imperfetto | Trapassato prossimo | |
|---|---|---|
| avevo | avevo | avuto |
| avevi | avevi | avuto |
| aveva | aveva | avuto |
| avevamo | avevamo | avuto |
| avevate | avevate | avuto |
| avevano | avevano | avuto |

| Passato remoto | Trapassato remoto | |
|---|---|---|
| ebbi | ebbi | avuto |
| avesti | avesti | avuto |
| ebbe | ebbe | avuto |
| avemmo | avemmo | avuto |
| aveste | aveste | avuto |
| ebbero | ebbero | avuto |

| Futuro semplice | Futuro anteriore | |
|---|---|---|
| avrò | avrò | avuto |
| avrai | avrai | avuto |
| avrà | avrà | avuto |
| avremo | avremo | avuto |
| avrete | avrete | avuto |
| avranno | avranno | avuto |

## CONGIUNTIVO

| Presente | Passato | |
|---|---|---|
| abbia | abbia | avuto |
| abbia | abbia | avuto |
| abbia | abbia | avuto |
| abbiamo | abbiamo | avuto |
| abbiate | abbiate | avuto |
| abbiano | abbiano | avuto |

| Imperfetto | Trapassato | |
|---|---|---|
| avessi | avessi | avuto |
| avessi | avessi | avuto |
| avesse | avesse | avuto |
| avessimo | avessimo | avuto |
| aveste | aveste | avuto |
| avessero | avessero | avuto |

## CONDIZIONALE

| Presente | Passato | |
|---|---|---|
| avrei | avrei | avuto |
| avresti | avresti | avuto |
| avrebbe | avrebbe | avuto |
| avremmo | avremmo | avuto |
| avreste | avreste | avuto |
| avrebbero | avrebbero | avuto |

## IMPERATIVO

| | | |
|---|---|---|
| — | (noi) | abbiamo |
| (tu) | abbi | (voi) | abbiate |
| (Lei) | abbia | (Loro) | abbiano |

## INFINITO

| Presente | Passato |
|---|---|
| avere | avere avuto |

## GERUNDIO

| Presente | Passato |
|---|---|
| avendo | avendo avuto |

## PARTICIPIO

| Passato |
|---|
| avuto |

# amare
### lieben

Regelmäßiges Verb

## INDICATIVO

| Presente | Passato prossimo | |
|---|---|---|
| am**o** | ho | amato |
| am**i** | hai | amato |
| am**a** | ha | amato |
| am**iamo** | abbiamo | amato |
| am**ate** | avete | amato |
| ạm**ano** | hanno | amato |

| Imperfetto | Trapassato prossimo | |
|---|---|---|
| am**avo** | avevo | amato |
| am**avi** | avevi | amato |
| am**ava** | aveva | amato |
| am**avamo** | avevamo | amato |
| am**avate** | avevate | amato |
| am**ạvano** | avẹvano | amato |

| Passato remoto | Trapassato remoto | |
|---|---|---|
| am**ai** | ebbi | amato |
| am**asti** | avesti | amato |
| am**ò** | ebbe | amato |
| am**ammo** | avemmo | amato |
| am**aste** | aveste | amato |
| am**ạrono** | ẹbbero | amato |

| Futuro semplice | Futuro anteriore | |
|---|---|---|
| am**erò** | avrò | amato |
| am**erai** | avrai | amato |
| am**erà** | avrà | amato |
| am**eremo** | avremo | amato |
| am**erete** | avrete | amato |
| am**eranno** | avranno | amato |

## CONGIUNTIVO

| Presente | Passato | |
|---|---|---|
| am**i** | abbia | amato |
| am**i** | abbia | amato |
| am**i** | abbia | amato |
| am**iamo** | abbiamo | amato |
| am**iate** | abbiate | amato |
| ạm**ino** | ạbbiano | amato |

| Imperfetto | Trapassato | |
|---|---|---|
| am**assi** | avessi | amato |
| am**assi** | avessi | amato |
| am**asse** | avesse | amato |
| am**ạssimo** | avẹssimo | amato |
| am**aste** | aveste | amato |
| am**ạssero** | avẹssero | amato |

## CONDIZIONALE

| Presente | Passato | |
|---|---|---|
| am**erei** | avrei | amato |
| am**eresti** | avresti | amato |
| am**erebbe** | avrebbe | amato |
| am**eremmo** | avremmo | amato |
| am**ereste** | avreste | amato |
| am**erẹbbero** | avrẹbbero | amato |

## IMPERATIVO

| — | | (noi) | am**iamo** |
|---|---|---|---|
| (tu) | ama | (voi) | am**ate** |
| (Lei) | am**i** | (Loro) | ạm**ino** |

## INFINITO

| Presente | Passato |
|---|---|
| am**are** | avere amato |

## GERUNDIO

| Presente | Passato |
|---|---|
| am**ando** | avendo amato |

## PARTICIPIO

| Passato |
|---|
| am**ato** |

# andare
## gehen

## INDICATIVO

| Presente | | Passato prossimo | |
|---|---|---|---|
| vado | | sono | andato |
| vai | | sei | andato |
| va | | è | andato |
| andiamo | | siamo | andati |
| andate | | siete | andati |
| vanno | | sono | andati |

| Imperfetto | | Trapassato prossimo | |
|---|---|---|---|
| andavo | | ero | andato |
| andavi | | eri | andato |
| andava | | era | andato |
| andavamo | | eravamo | andati |
| andavate | | eravate | andati |
| andavano | | erano | andati |

| Passato remoto | | Trapassato remoto | |
|---|---|---|---|
| andai | | fui | andato |
| andasti | | fosti | andato |
| andò | | fu | andato |
| andammo | | fummo | andati |
| andaste | | foste | andati |
| andarono | | furono | andati |

| Futuro semplice | | Futuro anteriore | |
|---|---|---|---|
| andrò | | sarò | andato |
| andrai | | sarai | andato |
| andrà | | sarà | andato |
| andremo | | saremo | andati |
| andrete | | sarete | andati |
| andranno | | saranno | andati |

## CONGIUNTIVO

| Presente | | Passato | |
|---|---|---|---|
| vada | | sia | andato |
| vada | | sia | andato |
| vada | | sia | andato |
| andiamo | | siamo | andati |
| andiate | | siate | andati |
| vadano | | siano | andati |

| Imperfetto | | Trapassato | |
|---|---|---|---|
| andassi | | fossi | andato |
| andassi | | fossi | andato |
| andasse | | fosse | andato |
| andassimo | | fossimo | andati |
| andaste | | foste | andati |
| andassero | | fossero | andati |

## CONDIZIONALE

| Presente | | Passato | |
|---|---|---|---|
| andrei | | sarei | andato |
| andresti | | saresti | andato |
| andrebbe | | sarebbe | andato |
| andremmo | | saremmo | andati |
| andreste | | sareste | andati |
| andrebbero | | sarebbero | andati |

## IMPERATIVO

| | | | |
|---|---|---|---|
| — | | (noi) | andiamo |
| (tu) | va' / vai | (voi) | andate |
| (Lei) | vada | (Loro) | vadano |

## INFINITO

| Presente | Passato |
|---|---|
| andare | essere andato |

## GERUNDIO

| Presente | Passato |
|---|---|
| andando | essendo andato |

## PARTICIPIO

| Passato |
|---|
| andato |

# avviare
## einleiten, starten

Regelmäßiges Verb, aber: betontes **-i- + -i-** → **-ii-** / unbetontes **-i- + -i-** → **-i-**

## INDICATIVO

| Presente | Passato prossimo | |
|---|---|---|
| avvio | ho | avviato |
| avvii | hai | avviato |
| avvia | ha | avviato |
| avviamo | abbiamo | avviato |
| avviate | avete | avviato |
| avviano | hanno | avviato |

| Imperfetto | Trapassato prossimo | |
|---|---|---|
| avviavo | avevo | avviato |
| avviavi | avevi | avviato |
| avviava | aveva | avviato |
| avviavamo | avevamo | avviato |
| avviavate | avevate | avviato |
| avviavano | avevano | avviato |

| Passato remoto | Trapassato remoto | |
|---|---|---|
| avviai | ebbi | avviato |
| avviasti | avesti | avviato |
| avviò | ebbe | avviato |
| avviammo | avemmo | avviato |
| avviaste | aveste | avviato |
| avviarono | ebbero | avviato |

| Futuro semplice | Futuro anteriore | |
|---|---|---|
| avvierò | avrò | avviato |
| avvierai | avrai | avviato |
| avvierà | avrà | avviato |
| avvieremo | avremo | avviato |
| avvierete | avrete | avviato |
| avvieranno | avranno | avviato |

## CONGIUNTIVO

| Presente | Passato | |
|---|---|---|
| avvii | abbia | avviato |
| avvii | abbia | avviato |
| avvii | abbia | avviato |
| avviamo | abbiamo | avviato |
| avviate | abbiate | avviato |
| avviino | abbiano | avviato |

| Imperfetto | Trapassato | |
|---|---|---|
| avviassi | avessi | avviato |
| avviassi | avessi | avviato |
| avviasse | avesse | avviato |
| avviassimo | avessimo | avviato |
| avviaste | aveste | avviato |
| avviassero | avessero | avviato |

## CONDIZIONALE

| Presente | Passato | |
|---|---|---|
| avvierei | avrei | avviato |
| avvieresti | avresti | avviato |
| avvierebbe | avrebbe | avviato |
| avvieremmo | avremmo | avviato |
| avviereste | avreste | avviato |
| avvierebbero | avrebbero | avviato |

## IMPERATIVO

| | | |
|---|---|---|
| — | (noi) | avviamo |
| (tu) | avvia | (voi) | avviate |
| (Lei) | avvii | (Loro) | avviino |

## INFINITO

| Presente | Passato |
|---|---|
| avviare | avere avviato |

## GERUNDIO

| Presente | Passato |
|---|---|
| avviando | avendo avviato |

## PARTICIPIO

| Passato |
|---|
| avviato |

# baciare
küssen

Regelmäßiges Verb, aber: **-ci-** + **-e-** → **-ce-** / **-ci-** + **-i-** → **-ci-**

## INDICATIVO

| Presente | Passato prossimo | |
|---|---|---|
| bacio | ho | baciato |
| baci | hai | baciato |
| bacia | ha | baciato |
| baciamo | abbiamo | baciato |
| baciate | avete | baciato |
| baciano | hanno | baciato |

| Imperfetto | Trapassato prossimo | |
|---|---|---|
| baciavo | avevo | baciato |
| baciavi | avevi | baciato |
| baciava | aveva | baciato |
| baciavamo | avevamo | baciato |
| baciavate | avevate | baciato |
| baciavano | avevano | baciato |

| Passato remoto | Trapassato remoto | |
|---|---|---|
| baciai | ebbi | baciato |
| baciasti | avesti | baciato |
| baciò | ebbe | baciato |
| baciammo | avemmo | baciato |
| baciaste | aveste | baciato |
| baciarono | ebbero | baciato |

| Futuro semplice | Futuro anteriore | |
|---|---|---|
| bacerò | avrò | baciato |
| bacerai | avrai | baciato |
| bacerà | avrà | baciato |
| baceremo | avremo | baciato |
| bacerete | avrete | baciato |
| baceranno | avranno | baciato |

## CONGIUNTIVO

| Presente | Passato | |
|---|---|---|
| baci | abbia | baciato |
| baci | abbia | baciato |
| baci | abbia | baciato |
| baciamo | abbiamo | baciato |
| baciate | abbiate | baciato |
| bacino | abbiano | baciato |

| Imperfetto | Trapassato | |
|---|---|---|
| baciassi | avessi | baciato |
| baciassi | avessi | baciato |
| baciasse | avesse | baciato |
| baciassimo | avessimo | baciato |
| baciaste | aveste | baciato |
| baciassero | avessero | baciato |

## CONDIZIONALE

| Presente | Passato | |
|---|---|---|
| bacerei | avrei | baciato |
| baceresti | avresti | baciato |
| bacerebbe | avrebbe | baciato |
| baceremmo | avremmo | baciato |
| bacereste | avreste | baciato |
| bacerebbero | avrebbero | baciato |

## IMPERATIVO

| | | |
|---|---|---|
| — | (noi) | baciamo |
| (tu) bacia | (voi) | baciate |
| (Lei) baci | (Loro) | bacino |

## INFINITO

| Presente | Passato |
|---|---|
| baciare | avere baciato |

## GERUNDIO

| Presente | Passato |
|---|---|
| baciando | avendo baciato |

## PARTICIPIO

| Passato |
|---|
| baciato |

# cercare
## suchen

Regelmäßiges Verb, aber:  **-c-**  →  **-ch-**  vor **-e** und **-i**

## INDICATIVO

**Presente**

| | |
|---|---|
| cerco | |
| cerchi | |
| cerca | |
| cerchiamo | |
| cercate | |
| cercano | |

**Passato prossimo**

| | |
|---|---|
| ho | cercato |
| hai | cercato |
| ha | cercato |
| abbiamo | cercato |
| avete | cercato |
| hanno | cercato |

**Imperfetto**

| |
|---|
| cercavo |
| cercavi |
| cercava |
| cercavamo |
| cercavate |
| cercavano |

**Trapassato prossimo**

| | |
|---|---|
| avevo | cercato |
| avevi | cercato |
| aveva | cercato |
| avevamo | cercato |
| avevate | cercato |
| avevano | cercato |

**Passato remoto**

| |
|---|
| cercai |
| cercasti |
| cercò |
| cercammo |
| cercaste |
| cercarono |

**Trapassato remoto**

| | |
|---|---|
| ebbi | cercato |
| avesti | cercato |
| ebbe | cercato |
| avemmo | cercato |
| aveste | cercato |
| ebbero | cercato |

**Futuro semplice**

| |
|---|
| cercherò |
| cercherai |
| cercherà |
| cercheremo |
| cercherete |
| cercheranno |

**Futuro anteriore**

| | |
|---|---|
| avrò | cercato |
| avrai | cercato |
| avrà | cercato |
| avremo | cercato |
| avrete | cercato |
| avranno | cercato |

## CONGIUNTIVO

**Presente**

| |
|---|
| cerchi |
| cerchi |
| cerchi |
| cerchiamo |
| cerchiate |
| cerchino |

**Passato**

| | |
|---|---|
| abbia | cercato |
| abbia | cercato |
| abbia | cercato |
| abbiamo | cercato |
| abbiate | cercato |
| abbiano | cercato |

**Imperfetto**

| |
|---|
| cercassi |
| cercassi |
| cercasse |
| cercassimo |
| cercaste |
| cercassero |

**Trapassato**

| | |
|---|---|
| avessi | cercato |
| avessi | cercato |
| avesse | cercato |
| avessimo | cercato |
| aveste | cercato |
| avessero | cercato |

## CONDIZIONALE

**Presente**

| |
|---|
| cercherei |
| cercheresti |
| cercherebbe |
| cercheremmo |
| cerchereste |
| cercherebbero |

**Passato**

| | |
|---|---|
| avrei | cercato |
| avresti | cercato |
| avrebbe | cercato |
| avremmo | cercato |
| avreste | cercato |
| avrebbero | cercato |

## IMPERATIVO

| | | |
|---|---|---|
| — | *(noi)* | cerchiamo |
| *(tu)* cerca | *(voi)* | cercate |
| *(Lei)* cerchi | *(Loro)* | cerchino |

## INFINITO

**Presente**

cercare

**Passato**

avere cercato

## GERUNDIO

**Presente**

cercando

**Passato**

avendo cercato

## PARTICIPIO

**Passato**

cercato

# dare
geben

## INDICATIVO

| Presente | Passato prossimo | |
|---|---|---|
| do | ho | dato |
| dai | hai | dato |
| dà | ha | dato |
| diamo | abbiamo | dato |
| date | avete | dato |
| danno | hanno | dato |

| Imperfetto | Trapassato prossimo | |
|---|---|---|
| davo | avevo | dato |
| davi | avevi | dato |
| dava | aveva | dato |
| davamo | avevamo | dato |
| davate | avevate | dato |
| davano | avevano | dato |

| Passato remoto | Trapassato remoto | |
|---|---|---|
| diedi / detti | ebbi | dato |
| desti | avesti | dato |
| diede / dette | ebbe | dato |
| demmo | avemmo | dato |
| deste | aveste | dato |
| diedero / dettero | ebbero | dato |

| Futuro semplice | Futuro anteriore | |
|---|---|---|
| darò | avrò | dato |
| darai | avrai | dato |
| darà | avrà | dato |
| daremo | avremo | dato |
| darete | avrete | dato |
| daranno | avranno | dato |

## CONGIUNTIVO

| Presente | Passato | |
|---|---|---|
| dia | abbia | dato |
| dia | abbia | dato |
| dia | abbia | dato |
| diamo | abbiamo | dato |
| diate | abbiate | dato |
| diano | abbiano | dato |

| Imperfetto | Trapassato | |
|---|---|---|
| dessi | avessi | dato |
| dessi | avessi | dato |
| desse | avesse | dato |
| dessimo | avessimo | dato |
| deste | aveste | dato |
| dessero | avessero | dato |

## CONDIZIONALE

| Presente | Passato | |
|---|---|---|
| darei | avrei | dato |
| daresti | avresti | dato |
| darebbe | avrebbe | dato |
| daremmo | avremmo | dato |
| dareste | avreste | dato |
| darebbero | avrebbero | dato |

## IMPERATIVO

| | | |
|---|---|---|
| — | (noi) | diamo |
| (tu) da' / dai | (voi) | date |
| (Lei) dia | (Loro) | diano |

## INFINITO

| Presente | Passato |
|---|---|
| dare | avere dato |

## GERUNDIO

| Presente | Passato |
|---|---|
| dando | avendo dato |

## PARTICIPIO

| Passato |
|---|
| dato |

# lasciare
## lassen

Regelmäßiges Verb, aber:  **-sci- + -e-**  →  **-sce-**  /  **-sci- + -i-**  →  **-sci-**

## INDICATIVO

| **Presente** | **Passato prossimo** | |
|---|---|---|
| lascio | ho | lasciato |
| lasci | hai | lasciato |
| lascia | ha | lasciato |
| lasciamo | abbiamo | lasciato |
| lasciate | avete | lasciato |
| lasciano | hanno | lasciato |

| **Imperfetto** | **Trapassato prossimo** | |
|---|---|---|
| lasciavo | avevo | lasciato |
| lasciavi | avevi | lasciato |
| lasciava | aveva | lasciato |
| lasciavamo | avevamo | lasciato |
| lasciavate | avevate | lasciato |
| lasciavano | avevano | lasciato |

| **Passato remoto** | **Trapassato remoto** | |
|---|---|---|
| lasciai | ebbi | lasciato |
| lasciasti | avesti | lasciato |
| lasciò | ebbe | lasciato |
| lasciammo | avemmo | lasciato |
| lasciaste | aveste | lasciato |
| lasciarono | ebbero | lasciato |

| **Futuro semplice** | **Futuro anteriore** | |
|---|---|---|
| lascerò | avrò | lasciato |
| lascerai | avrai | lasciato |
| lascerà | avrà | lasciato |
| lasceremo | avremo | lasciato |
| lascerete | avrete | lasciato |
| lasceranno | avranno | lasciato |

## CONGIUNTIVO

| **Presente** | **Passato** | |
|---|---|---|
| lasci | abbia | lasciato |
| lasci | abbia | lasciato |
| lasci | abbia | lasciato |
| lasciamo | abbiamo | lasciato |
| lasciate | abbiate | lasciato |
| lascino | abbiano | lasciato |

| **Imperfetto** | **Trapassato** | |
|---|---|---|
| lasciassi | avessi | lasciato |
| lasciassi | avessi | lasciato |
| lasciasse | avesse | lasciato |
| lasciassimo | avessimo | lasciato |
| lasciaste | aveste | lasciato |
| lasciassero | avessero | lasciato |

## CONDIZIONALE

| **Presente** | **Passato** | |
|---|---|---|
| lascerei | avrei | lasciato |
| lasceresti | avresti | lasciato |
| lascerebbe | avrebbe | lasciato |
| lasceremmo | avremmo | lasciato |
| lascereste | avreste | lasciato |
| lascerebbero | avrebbero | lasciato |

## IMPERATIVO

| | | | |
|---|---|---|---|
| — | | (noi) | lasciamo |
| (tu) | lascia | (voi) | lasciate |
| (Lei) | lasci | (Loro) | lascino |

## INFINITO

| **Presente** | **Passato** |
|---|---|
| lasciare | avere lasciato |

## GERUNDIO

| **Presente** | **Passato** |
|---|---|
| lasciando | avendo lasciato |

## PARTICIPIO

| **Passato** |
|---|
| lasciato |

# mangiare
### essen

Regelmäßiges Verb, aber:  **-gi-** + **-e-**  →  **-ge-**  /  **-gi-** + **-i-**  →  **-gi-**

## INDICATIVO

**Presente** | **Passato prossimo**
--- | ---
mangio | ho mangiato
mangi | hai mangiato
mangia | ha mangiato
mangiamo | abbiamo mangiato
mangiate | avete mangiato
mangiano | hanno mangiato

**Imperfetto** | **Trapassato prossimo**
--- | ---
mangiavo | avevo mangiato
mangiavi | avevi mangiato
mangiava | aveva mangiato
mangiavamo | avevamo mangiato
mangiavate | avevate mangiato
mangiavano | avevano mangiato

**Passato remoto** | **Trapassato remoto**
--- | ---
mangiai | ebbi mangiato
mangiasti | avesti mangiato
mangiò | ebbe mangiato
mangiammo | avemmo mangiato
mangiaste | aveste mangiato
mangiarono | ebbero mangiato

**Futuro semplice** | **Futuro anteriore**
--- | ---
mangerò | avrò mangiato
mangerai | avrai mangiato
mangerà | avrà mangiato
mangeremo | avremo mangiato
mangerete | avrete mangiato
mangeranno | avranno mangiato

## CONGIUNTIVO

**Presente** | **Passato**
--- | ---
mangi | abbia mangiato
mangi | abbia mangiato
mangi | abbia mangiato
mangiamo | abbiamo mangiato
mangiate | abbiate mangiato
mangino | abbiano mangiato

**Imperfetto** | **Trapassato**
--- | ---
mangiassi | avessi mangiato
mangiassi | avessi mangiato
mangiasse | avesse mangiato
mangiassimo | avessimo mangiato
mangiaste | aveste mangiato
mangiassero | avessero mangiato

## CONDIZIONALE

**Presente** | **Passato**
--- | ---
mangerei | avrei mangiato
mangeresti | avresti mangiato
mangerebbe | avrebbe mangiato
mangeremmo | avremmo mangiato
mangereste | avreste mangiato
mangerebbero | avrebbero mangiato

## IMPERATIVO

— | (noi) mangiamo
--- | ---
(tu) mangia | (voi) mangiate
(Lei) mangi | (Loro) mangino

## INFINITO

**Presente** | **Passato**
--- | ---
mangiare | avere mangiato

## GERUNDIO

**Presente** | **Passato**
--- | ---
mangiando | avendo mangiato

## PARTICIPIO

**Passato**
---
mangiato

# pagare
bezahlen

Regelmäßiges Verb, aber: **-g-** → **-gh-** vor **-e** und **-i**

## INDICATIVO

| Presente | Passato prossimo | |
|---|---|---|
| pago | ho | pagato |
| paghi | hai | pagato |
| paga | ha | pagato |
| paghiamo | abbiamo | pagato |
| pagate | avete | pagato |
| pagano | hanno | pagato |

| Imperfetto | Trapassato prossimo | |
|---|---|---|
| pagavo | avevo | pagato |
| pagavi | avevi | pagato |
| pagava | aveva | pagato |
| pagavamo | avevamo | pagato |
| pagavate | avevate | pagato |
| pagavano | avevano | pagato |

| Passato remoto | Trapassato remoto | |
|---|---|---|
| pagai | ebbi | pagato |
| pagasti | avesti | pagato |
| pagò | ebbe | pagato |
| pagammo | avemmo | pagato |
| pagaste | aveste | pagato |
| pagarono | ebbero | pagato |

| Futuro semplice | Futuro anteriore | |
|---|---|---|
| pagherò | avrò | pagato |
| pagherai | avrai | pagato |
| pagherà | avrà | pagato |
| pagheremo | avremo | pagato |
| pagherete | avrete | pagato |
| pagheranno | avranno | pagato |

## CONGIUNTIVO

| Presente | Passato | |
|---|---|---|
| paghi | abbia | pagato |
| paghi | abbia | pagato |
| paghi | abbia | pagato |
| paghiamo | abbiamo | pagato |
| paghiate | abbiate | pagato |
| paghino | abbiano | pagato |

| Imperfetto | Trapassato | |
|---|---|---|
| pagassi | avessi | pagato |
| pagassi | avessi | pagato |
| pagasse | avesse | pagato |
| pagassimo | avessimo | pagato |
| pagaste | aveste | pagato |
| pagassero | avessero | pagato |

## CONDIZIONALE

| Presente | Passato | |
|---|---|---|
| pagherei | avrei | pagato |
| pagheresti | avresti | pagato |
| pagherebbe | avrebbe | pagato |
| pagheremmo | avremmo | pagato |
| paghereste | avreste | pagato |
| pagherebbero | avrebbero | pagato |

## IMPERATIVO

| | | |
|---|---|---|
| — | *(noi)* | paghiamo |
| *(tu)* paga | *(voi)* | pagate |
| *(Lei)* paghi | *(Loro)* | paghino |

## INFINITO

| Presente | Passato |
|---|---|
| pagare | avere pagato |

## GERUNDIO

| Presente | Passato |
|---|---|
| pagando | avendo pagato |

## PARTICIPIO

| Passato |
|---|
| pagato |

# stare
### bleiben

## INDICATIVO

| **Presente** | **Passato prossimo** | |
|---|---|---|
| sto | sono | stato |
| stai | sei | stato |
| sta | è | stato |
| stiamo | siamo | stati |
| state | siete | stati |
| stanno | sono | stati |

| **Imperfetto** | **Trapassato prossimo** | |
|---|---|---|
| stavo | ero | stato |
| stavi | eri | stato |
| stava | era | stato |
| stavamo | eravamo | stati |
| stavate | eravate | stati |
| stavano | erano | stati |

| **Passato remoto** | **Trapassato remoto** | |
|---|---|---|
| stetti | fui | stato |
| stesti | fosti | stato |
| stette | fu | stato |
| stemmo | fummo | stati |
| steste | foste | stati |
| stettero | furono | stati |

| **Futuro semplice** | **Futuro anteriore** | |
|---|---|---|
| starò | sarò | stato |
| starai | sarai | stato |
| starà | sarà | stato |
| staremo | saremo | stati |
| starete | sarete | stati |
| staranno | saranno | stati |

## CONGIUNTIVO

| **Presente** | **Passato** | |
|---|---|---|
| stia | sia | stato |
| stia | sia | stato |
| stia | sia | stato |
| stiamo | siamo | stati |
| stiate | siate | stati |
| stiano | siano | stati |

| **Imperfetto** | **Trapassato** | |
|---|---|---|
| stessi | fossi | stato |
| stessi | fossi | stato |
| stesse | fosse | stato |
| stessimo | fossimo | stati |
| steste | foste | stati |
| stessero | fossero | stati |

## CONDIZIONALE

| **Presente** | **Passato** | |
|---|---|---|
| starei | sarei | stato |
| staresti | saresti | stato |
| starebbe | sarebbe | stato |
| staremmo | saremmo | stati |
| stareste | sareste | stati |
| starebbero | sarebbero | stati |

## IMPERATIVO

| | | | |
|---|---|---|---|
| — | | (noi) | stiamo |
| (tu) | sta' / stai | (voi) | state |
| (Lei) | stia | (Loro) | stiano |

## INFINITO

| **Presente** | **Passato** |
|---|---|
| stare | essere stato |

## GERUNDIO

| **Presente** | **Passato** |
|---|---|
| stando | essendo stato |

## PARTICIPIO

| **Passato** |
|---|
| stato |

# studiare
lernen

Regelmäßiges Verb, aber:  **-i- + -i-  →  -i-**

## INDICATIVO

| Presente | Passato prossimo | |
|---|---|---|
| studio | ho | studiato |
| studi | hai | studiato |
| studia | ha | studiato |
| studiamo | abbiamo | studiato |
| studiate | avete | studiato |
| studiano | hanno | studiato |

| Imperfetto | Trapassato prossimo | |
|---|---|---|
| studiavo | avevo | studiato |
| studiavi | avevi | studiato |
| studiava | aveva | studiato |
| studiavamo | avevamo | studiato |
| studiavate | avevate | studiato |
| studiavano | avevano | studiato |

| Passato remoto | Trapassato remoto | |
|---|---|---|
| studiai | ebbi | studiato |
| studiasti | avesti | studiato |
| studiò | ebbe | studiato |
| studiammo | avemmo | studiato |
| studiaste | aveste | studiato |
| studiarono | ebbero | studiato |

| Futuro semplice | Futuro anteriore | |
|---|---|---|
| studierò | avrò | studiato |
| studierai | avrai | studiato |
| studierà | avrà | studiato |
| studieremo | avremo | studiato |
| studierete | avrete | studiato |
| studieranno | avranno | studiato |

## CONGIUNTIVO

| Presente | Passato | |
|---|---|---|
| studi | abbia | studiato |
| studi | abbia | studiato |
| studi | abbia | studiato |
| studiamo | abbiamo | studiato |
| studiate | abbiate | studiato |
| studino | abbiano | studiato |

| Imperfetto | Trapassato | |
|---|---|---|
| studiassi | avessi | studiato |
| studiassi | avessi | studiato |
| studiasse | avesse | studiato |
| studiassimo | avessimo | studiato |
| studiaste | aveste | studiato |
| studiassero | avessero | studiato |

## CONDIZIONALE

| Presente | Passato | |
|---|---|---|
| studierei | avrei | studiato |
| studieresti | avresti | studiato |
| studierebbe | avrebbe | studiato |
| studieremmo | avremmo | studiato |
| studiereste | avreste | studiato |
| studierebbero | avrebbero | studiato |

## IMPERATIVO

| | |
|---|---|
| — | (noi) studiamo |
| (tu) studia | (voi) studiate |
| (Lei) studi | (Loro) studino |

## INFINITO

| Presente | Passato |
|---|---|
| studiare | avere studiato |

## GERUNDIO

| Presente | Passato |
|---|---|
| studiando | avendo studiato |

## PARTICIPIO

| Passato |
|---|
| studiato |

# tagliare
## schneiden

Regelmäßiges Verb, aber: **-gli-** + **-i-** → **-gli-**

## INDICATIVO

| Presente | Passato prossimo | |
|---|---|---|
| taglio | ho | tagliato |
| tagli | hai | tagliato |
| taglia | ha | tagliato |
| tagliamo | abbiamo | tagliato |
| tagliate | avete | tagliato |
| tagliano | hanno | tagliato |

| Imperfetto | Trapassato prossimo | |
|---|---|---|
| tagliavo | avevo | tagliato |
| tagliavi | avevi | tagliato |
| tagliava | aveva | tagliato |
| tagliavamo | avevamo | tagliato |
| tagliavate | avevate | tagliato |
| tagliavano | avevano | tagliato |

| Passato remoto | Trapassato remoto | |
|---|---|---|
| tagliai | ebbi | tagliato |
| tagliasti | avesti | tagliato |
| tagliò | ebbe | tagliato |
| tagliammo | avemmo | tagliato |
| tagliaste | aveste | tagliato |
| tagliarono | ebbero | tagliato |

| Futuro semplice | Futuro anteriore | |
|---|---|---|
| taglierò | avrò | tagliato |
| taglierai | avrai | tagliato |
| taglierà | avrà | tagliato |
| taglieremo | avremo | tagliato |
| taglierete | avrete | tagliato |
| taglieranno | avranno | tagliato |

## CONGIUNTIVO

| Presente | Passato | |
|---|---|---|
| tagli | abbia | tagliato |
| tagli | abbia | tagliato |
| tagli | abbia | tagliato |
| tagliamo | abbiamo | tagliato |
| tagliate | abbiate | tagliato |
| taglino | abbiano | tagliato |

| Imperfetto | Trapassato | |
|---|---|---|
| tagliassi | avessi | tagliato |
| tagliassi | avessi | tagliato |
| tagliasse | avesse | tagliato |
| tagliassimo | avessimo | tagliato |
| tagliaste | aveste | tagliato |
| tagliassero | avessero | tagliato |

## CONDIZIONALE

| Presente | Passato | |
|---|---|---|
| taglierei | avrei | tagliato |
| taglieresti | avresti | tagliato |
| taglierebbe | avrebbe | tagliato |
| taglieremmo | avremmo | tagliato |
| tagliereste | avreste | tagliato |
| taglierebbero | avrebbero | tagliato |

## IMPERATIVO

| — | | (noi) | tagliamo |
|---|---|---|---|
| (tu) | taglia | (voi) | tagliate |
| (Lei) | tagli | (Loro) | taglino |

## INFINITO

| Presente | Passato |
|---|---|
| tagliare | avere tagliato |

## GERUNDIO

| Presente | Passato |
|---|---|
| tagliando | avendo tagliato |

## PARTICIPIO

| Passato |
|---|
| tagliato |

# battere
### schlagen

Regelmäßiges Verb

## INDICATIVO

| Presente | Passato prossimo | |
|---|---|---|
| batto | ho | battuto |
| batti | hai | battuto |
| batte | ha | battuto |
| battiamo | abbiamo | battuto |
| battete | avete | battuto |
| battono | hanno | battuto |

| Imperfetto | Trapassato prossimo | |
|---|---|---|
| battevo | avevo | battuto |
| battevi | avevi | battuto |
| batteva | aveva | battuto |
| battevamo | avevamo | battuto |
| battevate | avevate | battuto |
| battevano | avevano | battuto |

| Passato remoto | Trapassato remoto | |
|---|---|---|
| battei | ebbi | battuto |
| battesti | avesti | battuto |
| battè | ebbe | battuto |
| battemmo | avemmo | battuto |
| batteste | aveste | battuto |
| batterono | ebbero | battuto |

| Futuro semplice | Futuro anteriore | |
|---|---|---|
| batterò | avrò | battuto |
| batterai | avrai | battuto |
| batterà | avrà | battuto |
| batteremo | avremo | battuto |
| batterete | avrete | battuto |
| batteranno | avranno | battuto |

## CONGIUNTIVO

| Presente | Passato | |
|---|---|---|
| batta | abbia | battuto |
| batta | abbia | battuto |
| batta | abbia | battuto |
| battiamo | abbiamo | battuto |
| battiate | abbiate | battuto |
| battano | abbiano | battuto |

| Imperfetto | Trapassato | |
|---|---|---|
| battessi | avessi | battuto |
| battessi | avessi | battuto |
| battesse | avesse | battuto |
| battessimo | avessimo | battuto |
| batteste | aveste | battuto |
| battessero | avessero | battuto |

## CONDIZIONALE

| Presente | Passato | |
|---|---|---|
| batterei | avrei | battuto |
| batteresti | avresti | battuto |
| batterebbe | avrebbe | battuto |
| batteremmo | avremmo | battuto |
| battereste | avreste | battuto |
| batterebbero | avrebbero | battuto |

## IMPERATIVO

| | | |
|---|---|---|
| — | (noi) | battiamo |
| (tu) batti | (voi) | battete |
| (Lei) batta | (Loro) | battano |

## INFINITO

| Presente | Passato |
|---|---|
| battere | avere battuto |

## GERUNDIO

| Presente | Passato |
|---|---|
| battendo | avendo battuto |

## PARTICIPIO

| Passato |
|---|
| battuto |

# credere

## glauben, meinen

Regelmäßiges Verb mit 2 möglichen Endungen im *Passato remoto*

## INDICATIVO

| Presente | Passato prossimo | |
|---|---|---|
| credo | ho | creduto |
| credi | hai | creduto |
| crede | ha | creduto |
| crediamo | abbiamo | creduto |
| credete | avete | creduto |
| credono | hanno | creduto |

| Imperfetto | Trapassato pross. | |
|---|---|---|
| credevo | avevo | creduto |
| credevi | avevi | creduto |
| credeva | aveva | creduto |
| credevamo | avevamo | creduto |
| credevate | avevate | creduto |
| credevano | avevano | creduto |

| Passato remoto | Trapassato remoto | |
|---|---|---|
| credei / -etti | ebbi | creduto |
| credesti | avesti | creduto |
| credé / -ette | ebbe | creduto |
| credemmo | avemmo | creduto |
| credeste | aveste | creduto |
| crederono/-ettero | ebbero | creduto |

| Futuro semplice | Futuro anteriore | |
|---|---|---|
| crederò | avrò | creduto |
| crederai | avrai | creduto |
| crederà | avrà | creduto |
| crederemo | avremo | creduto |
| crederete | avrete | creduto |
| crederanno | avranno | creduto |

## CONGIUNTIVO

| Presente | Passato | |
|---|---|---|
| creda | abbia | creduto |
| creda | abbia | creduto |
| creda | abbia | creduto |
| crediamo | abbiamo | creduto |
| crediate | abbiate | creduto |
| credano | abbiano | creduto |

| Imperfetto | Trapassato | |
|---|---|---|
| credessi | avessi | creduto |
| credessi | avessi | creduto |
| credesse | avesse | creduto |
| credessimo | avessimo | creduto |
| credeste | aveste | creduto |
| credessero | avessero | creduto |

## CONDIZIONALE

| Presente | Passato | |
|---|---|---|
| crederei | avrei | creduto |
| crederesti | avresti | creduto |
| crederebbe | avrebbe | creduto |
| crederemmo | avremmo | creduto |
| credereste | avreste | creduto |
| crederebbero | avrebbero | creduto |

## IMPERATIVO

| | | |
|---|---|---|
| — | | (noi) | crediamo |
| (tu) | credi | (voi) | credete |
| (Lei) | creda | (Loro) | credano |

## INFINITO

| Presente | Passato |
|---|---|
| credere | avere creduto |

## GERUNDIO

| Presente | Passato |
|---|---|
| credendo | avendo creduto |

## PARTICIPIO

| Passato |
|---|
| creduto |

2. Konjugation

# bere
trinken

Verkürzte Form aus **bevere**

## INDICATIVO

| **Presente** | **Passato prossimo** | | |
|---|---|---|---|
| bevo | ho | bevuto |
| bevi | hai | bevuto |
| beve | ha | bevuto |
| beviamo | abbiamo | bevuto |
| bevete | avete | bevuto |
| bevono | hanno | bevuto |

| **Imperfetto** | **Trapassato prossimo** | |
|---|---|---|
| bevevo | avevo | bevuto |
| bevevi | avevi | bevuto |
| beveva | aveva | bevuto |
| bevevamo | avevamo | bevuto |
| bevevate | avevate | bevuto |
| bevevano | avevano | bevuto |

| **Passato remoto** | **Trapassato remoto** | |
|---|---|---|
| bevvi | ebbi | bevuto |
| bevesti | avesti | bevuto |
| bevve | ebbe | bevuto |
| bevemmo | avemmo | bevuto |
| beveste | aveste | bevuto |
| bevvero | ebbero | bevuto |

| **Futuro semplice** | **Futuro anteriore** | |
|---|---|---|
| berrò | avrò | bevuto |
| berrai | avrai | bevuto |
| berrà | avrà | bevuto |
| berremo | avremo | bevuto |
| berrete | avrete | bevuto |
| berranno | avranno | bevuto |

## CONGIUNTIVO

| **Presente** | **Passato** | |
|---|---|---|
| beva | abbia | bevuto |
| beva | abbia | bevuto |
| beva | abbia | bevuto |
| beviamo | abbiamo | bevuto |
| beviate | abbiate | bevuto |
| bevano | abbiano | bevuto |

| **Imperfetto** | **Trapassato** | |
|---|---|---|
| bevessi | avessi | bevuto |
| bevessi | avessi | bevuto |
| bevesse | avesse | bevuto |
| bevessimo | avessimo | bevuto |
| beveste | aveste | bevuto |
| bevessero | avessero | bevuto |

## CONDIZIONALE

| **Presente** | **Passato** | |
|---|---|---|
| berrei | avrei | bevuto |
| berresti | avresti | bevuto |
| berrebbe | avrebbe | bevuto |
| berremmo | avremmo | bevuto |
| berreste | avreste | bevuto |
| berrebbero | avrebbero | bevuto |

## IMPERATIVO

| — | | (noi) | beviamo |
|---|---|---|---|
| (tu) | bevi | (voi) | bevete |
| (Lei) | beva | (Loro) | bevano |

## INFINITO

| **Presente** | **Passato** |
|---|---|
| bere | avere bevuto |

## GERUNDIO

| **Presente** | **Passato** |
|---|---|
| bevendo | avendo bevuto |

## PARTICIPIO

| **Passato** |
|---|
| bevuto |

# cadere
## fallen

-d- → -dd-

## INDICATIVO

**Presente**
cado
cadi
cade
cadiamo
cadete
cạdono

**Passato prossimo**
sono caduto
sei caduto
è caduto
siamo caduti
siete caduti
sono caduti

**Imperfetto**
cadevo
cadevi
cadeva
cadevamo
cadevate
cadẹvano

**Trapassato prossimo**
ero caduto
eri caduto
era caduto
eravamo caduti
eravate caduti
ẹrano caduti

**Passato remoto**
caddi
cadesti
cadde
cademmo
cadeste
cạddero

**Trapassato remoto**
fui caduto
fosti caduto
fu caduto
fummo caduti
foste caduti
fụrono caduti

**Futuro semplice**
cadrò
cadrai
cadrà
cadremo
cadrete
cadranno

**Futuro anteriore**
sarò caduto
sarai caduto
sarà caduto
saremo caduti
sarete caduti
saranno caduti

## CONGIUNTIVO

**Presente**
cada
cada
cada
cadiamo
cadiate
cạdano

**Passato**
sia caduto
sia caduto
sia caduto
siamo caduti
siate caduti
sịano caduti

**Imperfetto**
cadessi
cadessi
cadesse
cadẹssimo
cadeste
cadẹssero

**Trapassato**
fossi caduto
fossi caduto
fosse caduto
fọssimo caduti
foste caduti
fọssero caduti

## CONDIZIONALE

**Presente**
cadrei
cadresti
cadrebbe
cadremmo
cadreste
cadrẹbbero

**Passato**
sarei caduto
saresti caduto
sarebbe caduto
saremmo caduti
sareste caduti
sarẹbbero caduti

## IMPERATIVO

—
(tu) cadi
(Lei) cada

(noi) cadiamo
(voi) cadete
(Loro) cạdano

## INFINITO

**Presente**
cadere

**Passato**
ẹssere caduto

## GERUNDIO

**Presente**
cadendo

**Passato**
essendo caduto

## PARTICIPIO

**Passato**
caduto

25

# chiẹdere
fragen

## INDICATIVO

| Presente | Passato prossimo | |
|---|---|---|
| chiedo | ho | chiesto |
| chiedi | hai | chiesto |
| chiede | ha | chiesto |
| chiediamo | abbiamo | chiesto |
| chiedete | avete | chiesto |
| chiẹdono | hanno | chiesto |

| Imperfetto | Trapassato prossimo | |
|---|---|---|
| chiedevo | avevo | chiesto |
| chiedevi | avevi | chiesto |
| chiedeva | aveva | chiesto |
| chiedevamo | avevamo | chiesto |
| chiedevate | avevate | chiesto |
| chiedẹvano | avẹvano | chiesto |

| Passato remoto | Trapassato remoto | |
|---|---|---|
| chiesi | ebbi | chiesto |
| chiedesti | avesti | chiesto |
| chiese | ebbe | chiesto |
| chiedemmo | avemmo | chiesto |
| chiedeste | aveste | chiesto |
| chiẹsero | ẹbbero | chiesto |

| Futuro semplice | Futuro anteriore | |
|---|---|---|
| chiederò | avrò | chiesto |
| chiederai | avrai | chiesto |
| chiederà | avrà | chiesto |
| chiederemo | avremo | chiesto |
| chiederete | avrete | chiesto |
| chiederanno | avranno | chiesto |

## CONGIUNTIVO

| Presente | Passato | |
|---|---|---|
| chieda | abbia | chiesto |
| chieda | abbia | chiesto |
| chieda | abbia | chiesto |
| chiediamo | abbiamo | chiesto |
| chiediate | abbiate | chiesto |
| chiẹdano | ạbbiano | chiesto |

| Imperfetto | Trapassato | |
|---|---|---|
| chiedessi | avessi | chiesto |
| chiedessi | avessi | chiesto |
| chiedesse | avesse | chiesto |
| chiedẹssimo | avẹssimo | chiesto |
| chiedeste | aveste | chiesto |
| chiedẹssero | avẹssero | chiesto |

## CONDIZIONALE

| Presente | Passato | |
|---|---|---|
| chiederei | avrei | chiesto |
| chiederesti | avresti | chiesto |
| chiederebbe | avrebbe | chiesto |
| chiederemmo | avremmo | chiesto |
| chiedereste | avreste | chiesto |
| chiederẹbbero | avrẹbbero | chiesto |

## IMPERATIVO

| | | |
|---|---|---|
| — | (noi) | chiediamo |
| (tu) chiedi | (voi) | chiedete |
| (Lei) chieda | (Loro) | chiẹdano |

## INFINITO

| Presente | Passato |
|---|---|
| chiẹdere | avere chiesto |

## GERUNDIO

| Presente | Passato |
|---|---|
| chiedendo | avendo chiesto |

## PARTICIPIO

| Passato |
|---|
| chiesto |

# chiudere
### schließen

## INDICATIVO

| Presente | Passato prossimo | |
|---|---|---|
| chiudo | ho | chiuso |
| chiudi | hai | chiuso |
| chiude | ha | chiuso |
| chiudiamo | abbiamo | chiuso |
| chiudete | avete | chiuso |
| chiudono | hanno | chiuso |

| Imperfetto | Trapassato prossimo | |
|---|---|---|
| chiudevo | avevo | chiuso |
| chiudevi | avevi | chiuso |
| chiudeva | aveva | chiuso |
| chiudevamo | avevamo | chiuso |
| chiudevate | avevate | chiuso |
| chiudevano | avevano | chiuso |

| Passato remoto | Trapassato remoto | |
|---|---|---|
| chiusi | ebbi | chiuso |
| chiudesti | avesti | chiuso |
| chiuse | ebbe | chiuso |
| chiudemmo | avemmo | chiuso |
| chiudeste | aveste | chiuso |
| chiusero | ebbero | chiuso |

| Futuro semplice | Futuro anteriore | |
|---|---|---|
| chiuderò | avrò | chiuso |
| chiuderai | avrai | chiuso |
| chiuderà | avrà | chiuso |
| chiuderemo | avremo | chiuso |
| chiuderete | avrete | chiuso |
| chiuderanno | avranno | chiuso |

## CONGIUNTIVO

| Presente | Passato | |
|---|---|---|
| chiuda | abbia | chiuso |
| chiuda | abbia | chiuso |
| chiuda | abbia | chiuso |
| chiudiamo | abbiamo | chiuso |
| chiudiate | abbiate | chiuso |
| chiudano | abbiano | chiuso |

| Imperfetto | Trapassato | |
|---|---|---|
| chiudessi | avessi | chiuso |
| chiudessi | avessi | chiuso |
| chiudesse | avesse | chiuso |
| chiudessimo | avessimo | chiuso |
| chiudeste | aveste | chiuso |
| chiudessero | avessero | chiuso |

## CONDIZIONALE

| Presente | Passato | |
|---|---|---|
| chiuderei | avrei | chiuso |
| chiuderesti | avresti | chiuso |
| chiuderebbe | avrebbe | chiuso |
| chiuderemmo | avremmo | chiuso |
| chiudereste | avreste | chiuso |
| chiuderebbero | avrebbero | chiuso |

## IMPERATIVO

| | | | |
|---|---|---|---|
| — | | (noi) | chiudiamo |
| (tu) | chiudi | (voi) | chiudete |
| (Lei) | chiuda | (Loro) | chiudano |

## INFINITO

| Presente | Passato |
|---|---|
| chiudere | avere chiuso |

## GERUNDIO

| Presente | Passato |
|---|---|
| chiudendo | avendo chiuso |

## PARTICIPIO

| Passato |
|---|
| chiuso |

# cogliere
## pflücken

-gli- + -i-  →  -gli-  /  -gli-  →  -lg-, -ls-

## INDICATIVO

| Presente | Passato prossimo | |
|---|---|---|
| colgo | ho | colto |
| cogli | hai | colto |
| coglie | ha | colto |
| cogliamo | abbiamo | colto |
| cogliete | avete | colto |
| colgono | hanno | colto |

| Imperfetto | Trapassato prossimo | |
|---|---|---|
| coglievo | avevo | colto |
| coglievi | avevi | colto |
| coglieva | aveva | colto |
| coglievamo | avevamo | colto |
| coglievate | avevate | colto |
| coglievano | avevano | colto |

| Passato remoto | Trapassato remoto | |
|---|---|---|
| colsi | ebbi | colto |
| cogliesti | avesti | colto |
| colse | ebbe | colto |
| cogliemmo | avemmo | colto |
| coglieste | aveste | colto |
| colsero | ebbero | colto |

| Futuro semplice | Futuro anteriore | |
|---|---|---|
| coglierò | avrò | colto |
| coglierai | avrai | colto |
| coglierà | avrà | colto |
| coglieremo | avremo | colto |
| coglierete | avrete | colto |
| coglieranno | avranno | colto |

## CONGIUNTIVO

| Presente | Passato | |
|---|---|---|
| colga | abbia | colto |
| colga | abbia | colto |
| colga | abbia | colto |
| cogliamo | abbiamo | colto |
| cogliate | abbiate | colto |
| colgano | abbiano | colto |

| Imperfetto | Trapassato | |
|---|---|---|
| cogliessi | avessi | colto |
| cogliessi | avessi | colto |
| cogliesse | avesse | colto |
| cogliessimo | avessimo | colto |
| coglieste | aveste | colto |
| cogliessero | avessero | colto |

## CONDIZIONALE

| Presente | Passato | |
|---|---|---|
| coglierei | avrei | colto |
| coglieresti | avresti | colto |
| coglierebbe | avrebbe | colto |
| coglieremmo | avremmo | colto |
| cogliereste | avreste | colto |
| coglierebbero | avrebbero | colto |

## IMPERATIVO

| | | |
|---|---|---|
| — | (noi) | cogliamo |
| (tu) cogli | (voi) | cogliete |
| (Lei) colga | (Loro) | colgano |

## INFINITO

| Presente | Passato |
|---|---|
| cogliere | avere colto |

## GERUNDIO

| Presente | Passato |
|---|---|
| cogliendo | avendo colto |

## PARTICIPIO

| Passato |
|---|
| colto |

# cọmpiere
### vollenden

**-i- + -i-** → **-i-** / **-i- + -e-** → **-i-** (Ausnahme: comp**ie**, comp**ie**ndo)

## INDICATIVO

| Presente | Passato prossimo | |
|---|---|---|
| compio | ho | compiuto |
| compi | hai | compiuto |
| compie | ha | compiuto |
| compiamo | abbiamo | compiuto |
| compite | avete | compiuto |
| cọmpiono | hanno | compiuto |

| Imperfetto | Trapassato prossimo | |
|---|---|---|
| compivo | avevo | compiuto |
| compivi | avevi | compiuto |
| compiva | aveva | compiuto |
| compivamo | avevamo | compiuto |
| compivate | avevate | compiuto |
| compivano | avevano | compiuto |

| Passato remoto | Trapassato remoto | |
|---|---|---|
| compii | ebbi | compiuto |
| compisti | avesti | compiuto |
| compì | ebbe | compiuto |
| compimmo | avemmo | compiuto |
| compiste | aveste | compiuto |
| compirono | ebbero | compiuto |

| Futuro semplice | Futuro anteriore | |
|---|---|---|
| compirò | avrò | compiuto |
| compirai | avrai | compiuto |
| compirà | avrà | compiuto |
| compiremo | avremo | compiuto |
| compirete | avrete | compiuto |
| compiranno | avranno | compiuto |

## CONGIUNTIVO

| Presente | Passato | |
|---|---|---|
| compia | abbia | compiuto |
| compia | abbia | compiuto |
| compia | abbia | compiuto |
| compiamo | abbiamo | compiuto |
| compiate | abbiate | compiuto |
| cọmpiano | ạbbiano | compiuto |

| Imperfetto | Trapassato | |
|---|---|---|
| compissi | avessi | compiuto |
| compissi | avessi | compiuto |
| compisse | avesse | compiuto |
| compissimo | avessimo | compiuto |
| compiste | aveste | compiuto |
| compissero | avessero | compiuto |

## CONDIZIONALE

| Presente | Passato | |
|---|---|---|
| compirei | avrei | compiuto |
| compiresti | avresti | compiuto |
| compirebbe | avrebbe | compiuto |
| compiremmo | avremmo | compiuto |
| compireste | avreste | compiuto |
| compirebbero | avrebbero | compiuto |

## IMPERATIVO

| | | |
|---|---|---|
| — | (noi) | compiamo |
| (tu) compi | (voi) | compite |
| (Lei) compia | (Loro) | cọmpiano |

## INFINITO

| Presente | Passato |
|---|---|
| cọmpiere | avere compiuto |

## GERUNDIO

| Presente | Passato |
|---|---|
| compiendo | avendo compiuto |

## PARTICIPIO

| Passato |
|---|
| compiuto |

# condurre
führen

Verkürzte Form aus **condụcere**

## INDICATIVO

| Presente | Passato prossimo | |
|---|---|---|
| conduco | ho | condotto |
| conduci | hai | condotto |
| conduce | ha | condotto |
| conduciamo | abbiamo | condotto |
| conducete | avete | condotto |
| condụcono | hanno | condotto |

| Imperfetto | Trapassato prossimo | |
|---|---|---|
| conducevo | avevo | condotto |
| conducevi | avevi | condotto |
| conduceva | aveva | condotto |
| conducevamo | avevamo | condotto |
| conducevate | avevate | condotto |
| conducẹvano | avẹvano | condotto |

| Passato remoto | Trapassato remoto | |
|---|---|---|
| condussi | ebbi | condotto |
| conducesti | avesti | condotto |
| condusse | ebbe | condotto |
| conducemmo | avemmo | condotto |
| conduceste | aveste | condotto |
| condụssero | ẹbbero | condotto |

| Futuro sempl. | Futuro anteriore | |
|---|---|---|
| condurrò | avrò | condotto |
| condurrai | avrai | condotto |
| condurrà | avrà | condotto |
| condurremo | avremo | condotto |
| condurrete | avrete | condotto |
| condurranno | avranno | condotto |

## CONGIUNTIVO

| Presente | Passato | |
|---|---|---|
| conduca | abbia | condotto |
| conduca | abbia | condotto |
| conduca | abbia | condotto |
| conduciamo | abbiamo | condotto |
| conduciate | abbiate | condotto |
| condụcano | ạbbiano | condotto |

| Imperfetto | Trapassato | |
|---|---|---|
| conducessi | avessi | condotto |
| conducessi | avessi | condotto |
| conducesse | avesse | condotto |
| conducẹssimo | avẹssimo | condotto |
| conduceste | aveste | condotto |
| conducẹssero | avẹssero | condotto |

## CONDIZIONALE

| Presente | Passato | |
|---|---|---|
| condurrei | avrei | condotto |
| condurresti | avresti | condotto |
| condurrebbe | avrebbe | condotto |
| condurremmo | avremmo | condotto |
| condurreste | avreste | condotto |
| condurrẹbbero | avrẹbbero | condotto |

## IMPERATIVO

| | | | |
|---|---|---|---|
| — | | (noi) | conduciamo |
| (tu) | conduci | (voi) | conducete |
| (Lei) | conduca | (Loro) | condụcano |

## INFINITO

| Presente | Passato |
|---|---|
| condurre | avere condotto |

## GERUNDIO

| Presente | Passato |
|---|---|
| conducendo | avendo condotto |

## PARTICIPIO

| Passato |
|---|
| condotto |

# cuocere
## kochen, backen

**-uo-** → **-o-** / **-c-** → **-ci-** vor Endungen auf **-a** und **-o**

## INDICATIVO

| **Presente** | **Passato prossimo** | |
|---|---|---|
| cuocio | ho | cotto |
| cuoci | hai | cotto |
| cuoce | ha | cotto |
| c(u)ociamo | abbiamo | cotto |
| c(u)ocete | avete | cotto |
| cuociono | hanno | cotto |

| **Imperfetto** | **Trapassato prossimo** | |
|---|---|---|
| c(u)ocevo | avevo | cotto |
| c(u)ocevi | avevi | cotto |
| c(u)oceva | aveva | cotto |
| c(u)ocevamo | avevamo | cotto |
| c(u)ocevate | avevate | cotto |
| c(u)ocevano | avevano | cotto |

| **Passato remoto** | **Trapassato remoto** | |
|---|---|---|
| cossi | ebbi | cotto |
| c(u)ocesti | avesti | cotto |
| cosse | ebbe | cotto |
| c(u)ocemmo | avemmo | cotto |
| c(u)oceste | aveste | cotto |
| cossero | ebbero | cotto |

| **Futuro semplice** | **Futuro anteriore** | |
|---|---|---|
| c(u)ocerò | avrò | cotto |
| c(u)ocerai | avrai | cotto |
| c(u)ocerà | avrà | cotto |
| c(u)oceremo | avremo | cotto |
| c(u)ocerete | avrete | cotto |
| c(u)oceranno | avranno | cotto |

## CONGIUNTIVO

| **Presente** | **Passato** | |
|---|---|---|
| cuocia | abbia | cotto |
| cuocia | abbia | cotto |
| cuocia | abbia | cotto |
| c(u)ociamo | abbiamo | cotto |
| c(u)ociate | abbiate | cotto |
| cuociano | abbiano | cotto |

| **Imperfetto** | **Trapassato** | |
|---|---|---|
| c(u)ocessi | avessi | cotto |
| c(u)ocessi | avessi | cotto |
| c(u)ocesse | avesse | cotto |
| c(u)ocessimo | avessimo | cotto |
| c(u)oceste | aveste | cotto |
| c(u)ocessero | avessero | cotto |

## CONDIZIONALE

| **Presente** | **Passato** | |
|---|---|---|
| c(u)ocerei | avrei | cotto |
| c(u)oceresti | avresti | cotto |
| c(u)ocerebbe | avrebbe | cotto |
| c(u)oceremmo | avremmo | cotto |
| c(u)ocereste | avreste | cotto |
| c(u)ocerebbero | avrebbero | cotto |

## IMPERATIVO

| | | | |
|---|---|---|---|
| — | | *(noi)* | c(u)ociamo |
| *(tu)* | cuoci | *(voi)* | c(u)ocete |
| *(Lei)* | cuocia | *(Loro)* | cuociano |

## INFINITO

| **Presente** | **Passato** |
|---|---|
| cuocere | avere cotto |

## GERUNDIO

| **Presente** | **Passato** |
|---|---|
| c(u)ocendo | avendo cotto |

## PARTICIPIO

| **Passato** |
|---|
| cotto |

# dire
## sagen

Verkürzte Form aus **dicere**

## INDICATIVO

| Presente | Passato prossimo | |
|---|---|---|
| dico | ho | detto |
| dici | hai | detto |
| dice | ha | detto |
| diciamo | abbiamo | detto |
| dite | avete | detto |
| dicono | hanno | detto |

| Imperfetto | Trapassato prossimo | |
|---|---|---|
| dicevo | avevo | detto |
| dicevi | avevi | detto |
| diceva | aveva | detto |
| dicevamo | avevamo | detto |
| dicevate | avevate | detto |
| dicevano | avevano | detto |

| Passato remoto | Trapassato remoto | |
|---|---|---|
| dissi | ebbi | detto |
| dicesti | avesti | detto |
| disse | ebbe | detto |
| dicemmo | avemmo | detto |
| diceste | aveste | detto |
| dissero | ebbero | detto |

| Futuro semplice | Futuro anteriore | |
|---|---|---|
| dirò | avrò | detto |
| dirai | avrai | detto |
| dirà | avrà | detto |
| diremo | avremo | detto |
| direte | avrete | detto |
| diranno | avranno | detto |

## CONGIUNTIVO

| Presente | Passato | |
|---|---|---|
| dica | abbia | detto |
| dica | abbia | detto |
| dica | abbia | detto |
| diciamo | abbiamo | detto |
| diciate | abbiate | detto |
| dicano | abbiano | detto |

| Imperfetto | Trapassato | |
|---|---|---|
| dicessi | avessi | detto |
| dicessi | avessi | detto |
| dicesse | avesse | detto |
| dicessimo | avessimo | detto |
| diceste | aveste | detto |
| dicessero | avessero | detto |

## CONDIZIONALE

| Presente | Passato | |
|---|---|---|
| direi | avrei | detto |
| diresti | avresti | detto |
| direbbe | avrebbe | detto |
| diremmo | avremmo | detto |
| direste | avreste | detto |
| direbbero | avrebbero | detto |

## IMPERATIVO

| — | | (noi) | diciamo |
|---|---|---|---|
| (tu) | di' | (voi) | dite |
| (Lei) | dica | (Loro) | dicano |

## INFINITO

| Presente | Passato |
|---|---|
| dire | avere detto |

## GERUNDIO

| Presente | Passato |
|---|---|
| dicendo | avendo detto |

## PARTICIPIO

| Passato |
|---|
| detto |

# dolersi
## sich beklagen

## INDICATIVO

**Presente**

| | | **Passato prossimo** | | |
|---|---|---|---|---|
| mi | dolgo | mi | sono | doluto |
| ti | duoli | ti | sei | doluto |
| si | duole | si | è | doluto |
| ci | doliamo/dogliamo | ci | siamo | doluti |
| vi | dolete | vi | siete | doluti |
| si | dolgono | si | sono | doluti |

**Imperfetto**

| | | **Trapassato prossimo** | | |
|---|---|---|---|---|
| mi | dolevo | mi | ero | doluto |
| ti | dolevi | ti | eri | doluto |
| si | doleva | si | era | doluto |
| ci | dolevamo | ci | eravamo | doluti |
| vi | dolevate | vi | eravate | doluti |
| si | dolevano | si | erano | doluti |

**Passato remoto**

| | | **Trapassato remoto** | | |
|---|---|---|---|---|
| mi | dolsi | mi | fui | doluto |
| ti | dolesti | ti | fosti | doluto |
| si | dolse | si | fu | doluto |
| ci | dolemmo | ci | fummo | doluti |
| vi | doleste | vi | foste | doluti |
| si | dolsero | si | furono | doluti |

**Futuro semplice**

| | | **Futuro anteriore** | | |
|---|---|---|---|---|
| mi | dorrò | mi | sarò | doluto |
| ti | dorrai | ti | sarai | doluto |
| si | dorrà | si | sarà | doluto |
| ci | dorremo | ci | saremo | doluti |
| vi | dorrete | vi | sarete | doluti |
| si | dorranno | si | saranno | doluti |

## CONGIUNTIVO

**Presente**

| | | **Passato** | | |
|---|---|---|---|---|
| mi | dolga | mi | sia | doluto |
| ti | dolga | ti | sia | doluto |
| si | dolga | si | sia | doluto |
| ci | doliamo/dogliamo | ci | siamo | doluti |
| vi | doliate/dogliate | vi | siate | doluti |
| si | dolgano | si | siano | doluti |

**Imperfetto**

| | | **Trapassato** | | |
|---|---|---|---|---|
| mi | dolessi | mi | fossi | doluto |
| ti | dolessi | ti | fossi | doluto |
| si | dolesse | si | fosse | doluto |
| ci | dolessimo | ci | fossimo | doluti |
| vi | doleste | vi | foste | doluti |
| si | dolessero | si | fossero | doluti |

## CONDIZIONALE

**Presente**

| | | **Passato** | | |
|---|---|---|---|---|
| mi | dorrei | mi | sarei | doluto |
| ti | dorresti | ti | saresti | doluto |
| si | dorrebbe | si | sarebbe | doluto |
| ci | dorremmo | ci | saremmo | doluti |
| vi | dorreste | vi | sareste | doluti |
| si | dorrebbero | si | sarebbero | doluti |

## IMPERATIVO

| | | | |
|---|---|---|---|
| — | | (noi) | doliamoci/dogliamoci |
| (tu) | duoliti | (voi) | doletevi |
| (Lei) si | dolga | (Loro) si | dolgano |

## INFINITO

| **Presente** | **Passato** |
|---|---|
| dolersi | essersi doluto |

## GERUNDIO

| **Presente** | **Passato** |
|---|---|
| dolendosi | essendosi doluto |

## PARTICIPIO

| **Passato** |
|---|
| dolutosi |

2. Konjugation

# dovere

müssen, sollen

## INDICATIVO

| Presente | Passato prossimo | |
|---|---|---|
| devo | ho | dovuto |
| devi | hai | dovuto |
| deve | ha | dovuto |
| dobbiamo | abbiamo | dovuto |
| dovete | avete | dovuto |
| devono | hanno | dovuto |

| Imperfetto | Trapassato prossimo | |
|---|---|---|
| dovevo | avevo | dovuto |
| dovevi | avevi | dovuto |
| doveva | aveva | dovuto |
| dovevamo | avevamo | dovuto |
| dovevate | avevate | dovuto |
| dovevano | avevano | dovuto |

| Passato remoto | Trapassato remoto | |
|---|---|---|
| dovei / -etti | ebbi | dovuto |
| dovesti | avesti | dovuto |
| dové / -ette | ebbe | dovuto |
| dovemmo | avemmo | dovuto |
| doveste | aveste | dovuto |
| doverono / -ettero | ebbero | dovuto |

| Futuro semplice | Futuro anteriore | |
|---|---|---|
| dovrò | avrò | dovuto |
| dovrai | avrai | dovuto |
| dovrà | avrà | dovuto |
| dovremo | avremo | dovuto |
| dovrete | avrete | dovuto |
| dovranno | avranno | dovuto |

## CONGIUNTIVO

| Presente | Passato | |
|---|---|---|
| debba | abbia | dovuto |
| debba | abbia | dovuto |
| debba | abbia | dovuto |
| dobbiamo | abbiamo | dovuto |
| dobbiate | abbiate | dovuto |
| debbano | abbiano | dovuto |

| Imperfetto | Trapassato | |
|---|---|---|
| dovessi | avessi | dovuto |
| dovessi | avessi | dovuto |
| dovesse | avesse | dovuto |
| dovessimo | avessimo | dovuto |
| doveste | aveste | dovuto |
| dovessero | avessero | dovuto |

## CONDIZIONALE

| Presente | Passato | |
|---|---|---|
| dovrei | avrei | dovuto |
| dovresti | avresti | dovuto |
| dovrebbe | avrebbe | dovuto |
| dovremmo | avremmo | dovuto |
| dovreste | avreste | dovuto |
| dovrebbero | avrebbero | dovuto |

## IMPERATIVO

| | |
|---|---|
| — | — |
| — | — |
| — | — |

## INFINITO

| Presente | Passato |
|---|---|
| dovere | avere dovuto |

## GERUNDIO

| Presente | Passato |
|---|---|
| dovendo | avendo dovuto |

## PARTICIPIO

| Passato |
|---|
| dovuto |

# fare
### machen, tun

Verkürzte Form aus **facere**

## INDICATIVO

| Presente | Passato prossimo | |
|---|---|---|
| faccio | ho | fatto |
| fai | hai | fatto |
| fa | ha | fatto |
| facciamo | abbiamo | fatto |
| fate | avete | fatto |
| fanno | hanno | fatto |

| Imperfetto | Trapassato prossimo | |
|---|---|---|
| facevo | avevo | fatto |
| facevi | avevi | fatto |
| faceva | aveva | fatto |
| facevamo | avevamo | fatto |
| facevate | avevate | fatto |
| facevano | avevano | fatto |

| Passato remoto | Trapassato remoto | |
|---|---|---|
| feci | ebbi | fatto |
| facesti | avesti | fatto |
| fece | ebbe | fatto |
| facemmo | avemmo | fatto |
| faceste | aveste | fatto |
| fecero | ebbero | fatto |

| Futuro semplice | Futuro anteriore | |
|---|---|---|
| farò | avrò | fatto |
| farai | avrai | fatto |
| farà | avrà | fatto |
| faremo | avremo | fatto |
| farete | avrete | fatto |
| faranno | avranno | fatto |

## CONGIUNTIVO

| Presente | Passato | |
|---|---|---|
| faccia | abbia | fatto |
| faccia | abbia | fatto |
| faccia | abbia | fatto |
| facciamo | abbiamo | fatto |
| facciate | abbiate | fatto |
| facciano | abbiano | fatto |

| Imperfetto | Trapassato | |
|---|---|---|
| facessi | avessi | fatto |
| facessi | avessi | fatto |
| facesse | avesse | fatto |
| facessimo | avessimo | fatto |
| faceste | aveste | fatto |
| facessero | avessero | fatto |

## CONDIZIONALE

| Presente | Passato | |
|---|---|---|
| farei | avrei | fatto |
| faresti | avresti | fatto |
| farebbe | avrebbe | fatto |
| faremmo | avremmo | fatto |
| fareste | avreste | fatto |
| farebbero | avrebbero | fatto |

## IMPERATIVO

| | | |
|---|---|---|
| — | (noi) | facciamo |
| (tu) | fa' / fai | (voi) | fate |
| (Lei) | faccia | (Loro) | facciano |

## INFINITO

| Presente | Passato |
|---|---|
| fare | avere fatto |

## GERUNDIO

| Presente | Passato |
|---|---|
| facendo | avendo fatto |

## PARTICIPIO

| Passato |
|---|
| fatto |

# godere
## genießen

-er- → -r-

## INDICATIVO

| Presente | | Passato prossimo | |
|---|---|---|---|
| godo | | ho | goduto |
| godi | | hai | goduto |
| gode | | ha | goduto |
| godiamo | | abbiamo | goduto |
| godete | | avete | goduto |
| godono | | hanno | goduto |

| Imperfetto | | Trapassato prossimo | |
|---|---|---|---|
| godevo | | avevo | goduto |
| godevi | | avevi | goduto |
| godeva | | aveva | goduto |
| godevamo | | avevamo | goduto |
| godevate | | avevate | goduto |
| godevano | | avevano | goduto |

| Passato remoto | | Trapassato remoto | |
|---|---|---|---|
| godei / -etti | | ebbi | goduto |
| godesti | | avesti | goduto |
| godé / -ette | | ebbe | goduto |
| godemmo | | avemmo | goduto |
| godeste | | aveste | goduto |
| goderono / -ettero | | ebbero | goduto |

| Futuro semplice | | Futuro anteriore | |
|---|---|---|---|
| godrò | | avrò | goduto |
| godrai | | avrai | goduto |
| godrà | | avrà | goduto |
| godremo | | avremo | goduto |
| godrete | | avrete | goduto |
| godranno | | avranno | goduto |

## CONGIUNTIVO

| Presente | | Passato | |
|---|---|---|---|
| goda | | abbia | goduto |
| goda | | abbia | goduto |
| goda | | abbia | goduto |
| godiamo | | abbiamo | goduto |
| godiate | | abbiate | goduto |
| godano | | abbiano | goduto |

| Imperfetto | | Trapassato | |
|---|---|---|---|
| godessi | | avessi | goduto |
| godessi | | avessi | goduto |
| godesse | | avesse | goduto |
| godessimo | | avessimo | goduto |
| godeste | | aveste | goduto |
| godessero | | avessero | goduto |

## CONDIZIONALE

| Presente | | Passato | |
|---|---|---|---|
| godrei | | avrei | goduto |
| godresti | | avresti | goduto |
| godrebbe | | avrebbe | goduto |
| godremmo | | avremmo | goduto |
| godreste | | avreste | goduto |
| godrebbero | | avrebbero | goduto |

## IMPERATIVO

| | | | |
|---|---|---|---|
| — | | (noi) | godiamo |
| (tu) | godi | (voi) | godete |
| (Lei) | goda | (Loro) | godano |

## INFINITO

| Presente | Passato |
|---|---|
| godere | avere goduto |

## GERUNDIO

| Presente | Passato |
|---|---|
| godendo | avendo goduto |

## PARTICIPIO

| Passato |
|---|
| goduto |

# muovere
### bewegen

**-uo-** → **-o-** / **-uov-** → **-oss-**

## INDICATIVO

| Presente | Passato prossimo | |
|---|---|---|
| muovo | ho | mosso |
| muovi | hai | mosso |
| muove | ha | mosso |
| m(u)oviamo | abbiamo | mosso |
| m(u)ovete | avete | mosso |
| muovono | hanno | mosso |

| Imperfetto | Trapassato prossimo | |
|---|---|---|
| m(u)ovevo | avevo | mosso |
| m(u)ovevi | avevi | mosso |
| m(u)oveva | aveva | mosso |
| m(u)ovevamo | avevamo | mosso |
| m(u)ovevate | avevate | mosso |
| m(u)ovevano | avevano | mosso |

| Passato remoto | Trapassato remoto | |
|---|---|---|
| mossi | ebbi | mosso |
| m(u)ovesti | avesti | mosso |
| mosse | ebbe | mosso |
| m(u)ovemmo | avemmo | mosso |
| m(u)oveste | aveste | mosso |
| mossero | ebbero | mosso |

| Futuro semplice | Futuro anteriore | |
|---|---|---|
| m(u)overò | avrò | mosso |
| m(u)overai | avrai | mosso |
| m(u)overà | avrà | mosso |
| m(u)overemo | avremo | mosso |
| m(u)overete | avrete | mosso |
| m(u)overanno | avranno | mosso |

## CONGIUNTIVO

| Presente | Passato | |
|---|---|---|
| muova | abbia | mosso |
| muova | abbia | mosso |
| muova | abbia | mosso |
| m(u)oviamo | abbiamo | mosso |
| m(u)oviate | abbiate | mosso |
| muovano | abbiano | mosso |

| Imperfetto | Trapassato | |
|---|---|---|
| m(u)ovessi | avessi | mosso |
| m(u)ovessi | avessi | mosso |
| m(u)ovesse | avesse | mosso |
| m(u)ovessimo | avessimo | mosso |
| m(u)oveste | aveste | mosso |
| m(u)ovessero | avessero | mosso |

## CONDIZIONALE

| Presente | Passato | |
|---|---|---|
| m(u)overei | avrei | mosso |
| m(u)overesti | avresti | mosso |
| m(u)overebbe | avrebbe | mosso |
| m(u)overemmo | avremmo | mosso |
| m(u)overeste | avreste | mosso |
| m(u)overebbero | avrebbero | mosso |

## IMPERATIVO

| | | | |
|---|---|---|---|
| — | | (noi) | m(u)oviamo |
| (tu) | muovi | (voi) | m(u)ovete |
| (Lei) | muova | (Loro) | muovano |

## INFINITO

| Presente | Passato |
|---|---|
| muovere | avere mosso |

## GERUNDIO

| Presente | Passato |
|---|---|
| m(u)ovendo | avendo mosso |

## PARTICIPIO

| Passato |
|---|
| mosso |

# nuocere
### schaden

**-c-** → **-cci-** vor **-a** und **-o** / **-uoc-** → **-ocqu-**

## INDICATIVO

| Presente | Passato prossimo | |
|---|---|---|
| n(u)occio | ho | n(u)ociuto |
| nuoci | hai | n(u)ociuto |
| nuoce | ha | n(u)ociuto |
| n(u)ociamo | abbiamo | n(u)ociuto |
| n(u)ocete | avete | n(u)ociuto |
| n(u)occiono | hanno | n(u)ociuto |

| Imperfetto | Trapassato prossimo | |
|---|---|---|
| n(u)ocevo | avevo | n(u)ociuto |
| n(u)ocevi | avevi | n(u)ociuto |
| n(u)oceva | aveva | n(u)ociuto |
| n(u)ocevamo | avevamo | n(u)ociuto |
| n(u)ocevate | avevate | n(u)ociuto |
| n(u)ocevano | avevano | n(u)ociuto |

| Passato remoto | Trapassato remoto | |
|---|---|---|
| nocqui | ebbi | n(u)ociuto |
| n(u)ocesti | avesti | n(u)ociuto |
| nocque | ebbe | n(u)ociuto |
| n(u)ocemmo | avemmo | n(u)ociuto |
| n(u)oceste | aveste | n(u)ociuto |
| nocquero | ebbero | n(u)ociuto |

| Futuro sempl. | Futuro anteriore | |
|---|---|---|
| n(u)ocerò | avrò | n(u)ociuto |
| n(u)ocerai | avrai | n(u)ociuto |
| n(u)ocerà | avrà | n(u)ociuto |
| n(u)oceremo | avremo | n(u)ociuto |
| n(u)ocerete | avrete | n(u)ociuto |
| n(u)oceranno | avranno | n(u)ociuto |

## CONGIUNTIVO

| Presente | Passato | |
|---|---|---|
| n(u)occia | abbia | n(u)ociuto |
| n(u)occia | abbia | n(u)ociuto |
| n(u)occia | abbia | n(u)ociuto |
| n(u)ociamo | abbiamo | n(u)ociuto |
| n(u)ociate | abbiate | n(u)ociuto |
| n(u)occiano | abbiano | n(u)ociuto |

| Imperfetto | Trapassato | |
|---|---|---|
| n(u)ocessi | avessi | n(u)ociuto |
| n(u)ocessi | avessi | n(u)ociuto |
| n(u)ocesse | avesse | n(u)ociuto |
| n(u)ocessimo | avessimo | n(u)ociuto |
| n(u)oceste | aveste | n(u)ociuto |
| n(u)ocessero | avessero | n(u)ociuto |

## CONDIZIONALE

| Presente | Passato | |
|---|---|---|
| n(u)ocerei | avrei | n(u)ociuto |
| n(u)oceresti | avresti | n(u)ociuto |
| n(u)ocerebbe | avrebbe | n(u)ociuto |
| n(u)oceremmo | avremmo | n(u)ociuto |
| n(u)ocereste | avreste | n(u)ociuto |
| n(u)ocerebbero | avrebbero | n(u)ociuto |

## IMPERATIVO

| | | | |
|---|---|---|---|
| — | | *(noi)* | n(u)ociamo |
| *(tu)* | nuoci | *(voi)* | n(u)ocete |
| *(Lei)* | n(u)occia | *(Loro)* | n(u)occiano |

## INFINITO

| Presente | Passato |
|---|---|
| nuocere | avere nuociuto |

## GERUNDIO

| Presente | Passato |
|---|---|
| n(u)ocendo | avendo n(u)ociuto |

## PARTICIPIO

| Passato |
|---|
| n(u)ociuto |

# parere
(er)scheinen

## INDICATIVO

| Presente | Passato prossimo | |
|---|---|---|
| paio | sono | parso |
| pari | sei | parso |
| pare | è | parso |
| paiamo | siamo | parsi |
| parete | siete | parsi |
| paiono | sono | parsi |

| Imperfetto | Trapassato prossimo | |
|---|---|---|
| parevo | ero | parso |
| parevi | eri | parso |
| pareva | era | parso |
| parevamo | eravamo | parsi |
| parevate | eravate | parsi |
| parevano | erano | parsi |

| Passato remoto | Trapassato remoto | |
|---|---|---|
| parvi | fui | parso |
| paresti | fosti | parso |
| parve | fu | parso |
| paremmo | fummo | parsi |
| pareste | foste | parsi |
| parvero | furono | parsi |

| Futuro semplice | Futuro anteriore | |
|---|---|---|
| parrò | sarò | parso |
| parrai | sarai | parso |
| parrà | sarà | parso |
| parremo | saremo | parsi |
| parrete | sarete | parsi |
| parranno | saranno | parsi |

## CONGIUNTIVO

| Presente | Passato | |
|---|---|---|
| paia | sia | parso |
| paia | sia | parso |
| paia | sia | parso |
| paiamo | siamo | parsi |
| paiate | siate | parsi |
| paiano | siano | parsi |

| Imperfetto | Trapassato | |
|---|---|---|
| paressi | fossi | parso |
| paressi | fossi | parso |
| paresse | fosse | parso |
| paressimo | fossimo | parsi |
| pareste | foste | parsi |
| paressero | fossero | parsi |

## CONDIZIONALE

| Presente | Passato | |
|---|---|---|
| parrei | sarei | parso |
| parresti | saresti | parso |
| parrebbe | sarebbe | parso |
| parremmo | saremmo | parsi |
| parreste | sareste | parsi |
| parrebbero | sarebbero | parsi |

## IMPERATIVO

| | |
|---|---|
| — | — |
| — | — |
| — | — |

## INFINITO

| Presente | Passato |
|---|---|
| parere | essere parso |

## GERUNDIO

| Presente | Passato |
|---|---|
| parendo | essendo parso |

## PARTICIPIO

| Passato |
|---|
| parso |

# piacere
## gefallen

**-c-** → **-cc(i)-**, **-cqu-**

## INDICATIVO

| **Presente** | **Passato prossimo** | | |
|---|---|---|---|
| piaccio | sono | piaciuto | |
| piaci | sei | piaciuto | |
| piace | è | piaciuto | |
| piacciamo | siamo | piaciuti | |
| piacete | siete | piaciuti | |
| piacciono | sono | piaciuti | |

| **Imperfetto** | **Trapassato prossimo** | | |
|---|---|---|---|
| piacevo | ero | piaciuto | |
| piacevi | eri | piaciuto | |
| piaceva | era | piaciuto | |
| piacevamo | eravamo | piaciuti | |
| piacevate | eravate | piaciuti | |
| piacevano | erano | piaciuti | |

| **Passato remoto** | **Trapassato remoto** | | |
|---|---|---|---|
| piacqui | fui | piaciuto | |
| piacesti | fosti | piaciuto | |
| piacque | fu | piaciuto | |
| piacemmo | fummo | piaciuti | |
| piaceste | foste | piaciuti | |
| piacquero | furono | piaciuti | |

| **Futuro semplice** | **Futuro anteriore** | | |
|---|---|---|---|
| piacerò | sarò | piaciuto | |
| piacerai | sarai | piaciuto | |
| piacerà | sarà | piaciuto | |
| piaceremo | saremo | piaciuti | |
| piacerete | sarete | piaciuti | |
| piaceranno | saranno | piaciuti | |

## CONGIUNTIVO

| **Presente** | **Passato** | | |
|---|---|---|---|
| piaccia | sia | piaciuto | |
| piaccia | sia | piaciuto | |
| piaccia | sia | piaciuto | |
| piacciamo | siamo | piaciuti | |
| piacciate | siate | piaciuti | |
| piacciano | siano | piaciuti | |

| **Imperfetto** | **Trapassato** | | |
|---|---|---|---|
| piacessi | fossi | piaciuto | |
| piacessi | fossi | piaciuto | |
| piacesse | fosse | piaciuto | |
| piacessimo | fossimo | piaciuti | |
| piaceste | foste | piaciuti | |
| piacessero | fossero | piaciuti | |

## CONDIZIONALE

| **Presente** | **Passato** | | |
|---|---|---|---|
| piacerei | sarei | piaciuto | |
| piaceresti | saresti | piaciuto | |
| piacerebbe | sarebbe | piaciuto | |
| piaceremmo | saremmo | piaciuti | |
| piacereste | sareste | piaciuti | |
| piacerebbero | sarebbero | piaciuti | |

## IMPERATIVO

| — | | (noi) | piacciamo |
|---|---|---|---|
| (tu) | piaci | (voi) | piacete |
| (Lei) | piaccia | (Loro) | piacciano |

## INFINITO

| **Presente** | **Passato** |
|---|---|
| piacere | essere piaciuto |

## GERUNDIO

| **Presente** | **Passato** |
|---|---|
| piacendo | essendo piaciuto |

## PARTICIPIO

| **Passato** |
|---|
| piaciuto |

# porre

setzen, stellen, legen

Verkürzte Form aus **ponere**

## INDICATIVO

| **Presente** | **Passato prossimo** | |
|---|---|---|
| pongo | ho | posto |
| poni | hai | posto |
| pone | ha | posto |
| poniamo | abbiamo | posto |
| ponete | avete | posto |
| pongono | hanno | posto |

| **Imperfetto** | **Trapassato prossimo** | |
|---|---|---|
| ponevo | avevo | posto |
| ponevi | avevi | posto |
| poneva | aveva | posto |
| ponevamo | avevamo | posto |
| ponevate | avevate | posto |
| ponevano | avevano | posto |

| **Passato remoto** | **Trapassato remoto** | |
|---|---|---|
| posi | ebbi | posto |
| ponesti | avesti | posto |
| pose | ebbe | posto |
| ponemmo | avemmo | posto |
| poneste | aveste | posto |
| posero | ebbero | posto |

| **Futuro semplice** | **Futuro anteriore** | |
|---|---|---|
| porrò | avrò | posto |
| porrai | avrai | posto |
| porrà | avrà | posto |
| porremo | avremo | posto |
| porrete | avrete | posto |
| porranno | avranno | posto |

## CONGIUNTIVO

| **Presente** | **Passato** | |
|---|---|---|
| ponga | abbia | posto |
| ponga | abbia | posto |
| ponga | abbia | posto |
| poniamo | abbiamo | posto |
| poniate | abbiate | posto |
| pongano | abbiano | posto |

| **Imperfetto** | **Trapassato** | |
|---|---|---|
| ponessi | avessi | posto |
| ponessi | avessi | posto |
| ponesse | avesse | posto |
| ponessimo | avessimo | posto |
| poneste | aveste | posto |
| ponessero | avessero | posto |

## CONDIZIONALE

| **Presente** | **Passato** | |
|---|---|---|
| porrei | avrei | posto |
| porresti | avresti | posto |
| porrebbe | avrebbe | posto |
| porremmo | avremmo | posto |
| porreste | avreste | posto |
| porrebbero | avrebbero | posto |

## IMPERATIVO

| — | (noi) | poniamo |
|---|---|---|
| (tu) | poni | (voi) | ponete |
| (Lei) | ponga | (Loro) | pongano |

## INFINITO

| **Presente** | **Passato** |
|---|---|
| porre | avere posto |

## GERUNDIO

| **Presente** | **Passato** |
|---|---|
| ponendo | avendo posto |

## PARTICIPIO

| **Passato** |
|---|
| posto |

# potere
können

## INDICATIVO

| Presente | Passato prossimo | |
|---|---|---|
| posso | ho | potuto |
| puoi | hai | potuto |
| può | ha | potuto |
| possiamo | abbiamo | potuto |
| potete | avete | potuto |
| possono | hanno | potuto |

| Imperfetto | Trapassato prossimo | |
|---|---|---|
| potevo | avevo | potuto |
| potevi | avevi | potuto |
| poteva | aveva | potuto |
| potevamo | avevamo | potuto |
| potevate | avevate | potuto |
| potevano | avevano | potuto |

| Passato remoto | Trapassato remoto | |
|---|---|---|
| potei | ebbi | potuto |
| potesti | avesti | potuto |
| poté | ebbe | potuto |
| potemmo | avemmo | potuto |
| poteste | aveste | potuto |
| poterono | ebbero | potuto |

| Futuro semplice | Futuro anteriore | |
|---|---|---|
| potrò | avrò | potuto |
| potrai | avrai | potuto |
| potrà | avrà | potuto |
| potremo | avremo | potuto |
| potrete | avrete | potuto |
| potranno | avranno | potuto |

## CONGIUNTIVO

| Presente | Passato | |
|---|---|---|
| possa | abbia | potuto |
| possa | abbia | potuto |
| possa | abbia | potuto |
| possiamo | abbiamo | potuto |
| possiate | abbiate | potuto |
| possano | abbiano | potuto |

| Imperfetto | Trapassato | |
|---|---|---|
| potessi | avessi | potuto |
| potessi | avessi | potuto |
| potesse | avesse | potuto |
| potessimo | avessimo | potuto |
| poteste | aveste | potuto |
| potessero | avessero | potuto |

## CONDIZIONALE

| Presente | Passato | |
|---|---|---|
| potrei | avrei | potuto |
| potresti | avresti | potuto |
| potrebbe | avrebbe | potuto |
| potremmo | avremmo | potuto |
| potreste | avreste | potuto |
| potrebbero | avrebbero | potuto |

## IMPERATIVO

| | |
|---|---|
| — | — |
| — | — |
| — | — |

## INFINITO

| Presente | Passato |
|---|---|
| potere | avere potuto |

## GERUNDIO

| Presente | Passato |
|---|---|
| potendo | avendo potuto |

## PARTICIPIO

| Passato |
|---|
| potuto |

# rimanere
bleiben

-n- → -ng-

## INDICATIVO

| Presente | Passato prossimo | |
|---|---|---|
| rimango | sono | rimasto |
| rimani | sei | rimasto |
| rimane | è | rimasto |
| rimaniamo | siamo | rimasti |
| rimanete | siete | rimasti |
| rimangono | sono | rimasti |

| Imperfetto | Trapassato prossimo | |
|---|---|---|
| rimanevo | ero | rimasto |
| rimanevi | eri | rimasto |
| rimaneva | era | rimasto |
| rimanevamo | eravamo | rimasti |
| rimanevate | eravate | rimasti |
| rimanevano | erano | rimasti |

| Passato remoto | Trapassato remoto | |
|---|---|---|
| rimasi | fui | rimasto |
| rimanesti | fosti | rimasto |
| rimase | fu | rimasto |
| rimanemmo | fummo | rimasti |
| rimaneste | foste | rimasti |
| rimasero | furono | rimasti |

| Futuro semplice | Futuro anteriore | |
|---|---|---|
| rimarrò | sarò | rimasto |
| rimarrai | sarai | rimasto |
| rimarrà | sarà | rimasto |
| rimarremo | saremo | rimasti |
| rimarrete | sarete | rimasti |
| rimarranno | saranno | rimasti |

## CONGIUNTIVO

| Presente | Passato | |
|---|---|---|
| rimanga | sia | rimasto |
| rimanga | sia | rimasto |
| rimanga | sia | rimasto |
| rimaniamo | siamo | rimasti |
| rimaniate | siate | rimasti |
| rimangano | siano | rimasti |

| Imperfetto | Trapassato | |
|---|---|---|
| rimanessi | fossi | rimasto |
| rimanessi | fossi | rimasto |
| rimanesse | fosse | rimasto |
| rimanessimo | fossimo | rimasti |
| rimaneste | foste | rimasti |
| rimanessero | fossero | rimasti |

## CONDIZIONALE

| Presente | Passato | |
|---|---|---|
| rimarrei | sarei | rimasto |
| rimarresti | saresti | rimasto |
| rimarrebbe | sarebbe | rimasto |
| rimarremmo | saremmo | rimasti |
| rimaneste | sareste | rimasti |
| rimarrebbero | sarebbero | rimasti |

## IMPERATIVO

| — | | (noi) | rimaniamo |
|---|---|---|---|
| (tu) | rimani | (voi) | rimanete |
| (Lei) | rimanga | (Loro) | rimangano |

## INFINITO

| Presente | Passato |
|---|---|
| rimanere | essere rimasto |

## GERUNDIO

| Presente | Passato |
|---|---|
| rimanendo | essendo rimasto |

## PARTICIPIO

| Passato |
|---|
| rimasto |

# sapere
### wissen

## INDICATIVO

| Presente | Passato prossimo | |
|---|---|---|
| so | ho | saputo |
| sai | hai | saputo |
| sa | ha | saputo |
| sappiamo | abbiamo | saputo |
| sapete | avete | saputo |
| sanno | hanno | saputo |

| Imperfetto | Trapassato prossimo | |
|---|---|---|
| sapevo | avevo | saputo |
| sapevi | avevi | saputo |
| sapeva | aveva | saputo |
| sapevamo | avevamo | saputo |
| sapevate | avevate | saputo |
| sapevano | avevano | saputo |

| Passato remoto | Trapassato remoto | |
|---|---|---|
| seppi | ebbi | saputo |
| sapesti | avesti | saputo |
| seppe | ebbe | saputo |
| sapemmo | avemmo | saputo |
| sapeste | aveste | saputo |
| seppero | ebbero | saputo |

| Futuro semplice | Futuro anteriore | |
|---|---|---|
| saprò | avrò | saputo |
| saprai | avrai | saputo |
| saprà | avrà | saputo |
| sapremo | avremo | saputo |
| saprete | avrete | saputo |
| sapranno | avranno | saputo |

## CONGIUNTIVO

| Presente | Passato | |
|---|---|---|
| sappia | abbia | saputo |
| sappia | abbia | saputo |
| sappia | abbia | saputo |
| sappiamo | abbiamo | saputo |
| sappiate | abbiate | saputo |
| sappiano | abbiano | saputo |

| Imperfetto | Trapassato | |
|---|---|---|
| sapessi | avessi | saputo |
| sapessi | avessi | saputo |
| sapesse | avesse | saputo |
| sapessimo | avessimo | saputo |
| sapeste | aveste | saputo |
| sapessero | avessero | saputo |

## CONDIZIONALE

| Presente | Passato | |
|---|---|---|
| saprei | avrei | saputo |
| sapresti | avresti | saputo |
| saprebbe | avrebbe | saputo |
| sapremmo | avremmo | saputo |
| sapreste | avreste | saputo |
| saprebbero | avrebbero | saputo |

## IMPERATIVO

| | | | |
|---|---|---|---|
| — | | (noi) | sappiamo |
| (tu) | sappi | (voi) | sappiate |
| (Lei) | sappia | (Loro) | sappiano |

## INFINITO

| Presente | Passato |
|---|---|
| sapere | avere saputo |

## GERUNDIO

| Presente | Passato |
|---|---|
| sapendo | avendo saputo |

## PARTICIPIO

| Passato |
|---|
| saputo |

# scegliere
(aus)wählen

-gli- → -lg-, -ls- / -gli- + -i- → -gli-

## INDICATIVO

| Presente | Passato prossimo | |
|---|---|---|
| scelgo | ho | scelto |
| scegli | hai | scelto |
| sceglie | ha | scelto |
| scegliamo | abbiamo | scelto |
| scegliete | avete | scelto |
| scelgono | hanno | scelto |

| Imperfetto | Trapassato prossimo | |
|---|---|---|
| sceglievo | avevo | scelto |
| sceglievi | avevi | scelto |
| sceglieva | aveva | scelto |
| sceglievamo | avevamo | scelto |
| sceglievate | avevate | scelto |
| sceglievano | avevano | scelto |

| Passato remoto | Trapassato remoto | |
|---|---|---|
| scelsi | ebbi | scelto |
| scegliesti | avesti | scelto |
| scelse | ebbe | scelto |
| scegliemmo | avemmo | scelto |
| sceglieste | aveste | scelto |
| scelsero | ebbero | scelto |

| Futuro semplice | Futuro anteriore | |
|---|---|---|
| sceglierò | avrò | scelto |
| sceglierai | avrai | scelto |
| sceglierà | avrà | scelto |
| sceglieremo | avremo | scelto |
| sceglierete | avrete | scelto |
| sceglieranno | avranno | scelto |

## CONGIUNTIVO

| Presente | Passato | |
|---|---|---|
| scelga | abbia | scelto |
| scelga | abbia | scelto |
| scelga | abbia | scelto |
| scegliamo | abbiamo | scelto |
| scegliate | abbiate | scelto |
| scelgano | abbiano | scelto |

| Imperfetto | Trapassato | |
|---|---|---|
| scegliessi | avessi | scelto |
| scegliessi | avessi | scelto |
| scegliesse | avesse | scelto |
| scegliessimo | avessimo | scelto |
| sceglieste | aveste | scelto |
| scegliessero | avessero | scelto |

## CONDIZIONALE

| Presente | Passato | |
|---|---|---|
| sceglierei | avrei | scelto |
| sceglieresti | avresti | scelto |
| scegliebbe | avrebbe | scelto |
| sceglieremmo | avremmo | scelto |
| scegliereste | avreste | scelto |
| sceglierebbero | avrebbero | scelto |

## IMPERATIVO

| | | |
|---|---|---|
| — | (noi) | scegliamo |
| (tu) scegli | (voi) | scegliete |
| (Lei) scelga | (Loro) | scelgano |

## INFINITO

| Presente | Passato |
|---|---|
| scegliere | avere scelto |

## GERUNDIO

| Presente | Passato |
|---|---|
| scegliendo | avendo scelto |

## PARTICIPIO

| Passato |
|---|
| scelto |

# scuotere
## schütteln

**-uo-** → **-o-**
Häufiger sind allerdings die regelmäßigen Formen (**-uo-**).

## INDICATIVO

| **Presente** | | **Passato prossimo** | |
|---|---|---|---|
| scuoto | | ho | scosso |
| scuoti | | hai | scosso |
| scuote | | ha | scosso |
| sc(u)otiamo | | abbiamo | scosso |
| sc(u)otete | | avete | scosso |
| scuotono | | hanno | scosso |

| **Imperfetto** | | **Trapassato prossimo** | |
|---|---|---|---|
| sc(u)otevo | | avevo | scosso |
| sc(u)otevi | | avevi | scosso |
| sc(u)oteva | | aveva | scosso |
| sc(u)otevamo | | avevamo | scosso |
| sc(u)otevate | | avevate | scosso |
| sc(u)otevano | | avevano | scosso |

| **Passato remoto** | | **Trapassato remoto** | |
|---|---|---|---|
| scossi | | ebbi | scosso |
| sc(u)otesti | | avesti | scosso |
| scosse | | ebbe | scosso |
| sc(u)otemmo | | avemmo | scosso |
| sc(u)oteste | | aveste | scosso |
| scossero | | ebbero | scosso |

| **Futuro semplice** | | **Futuro anteriore** | |
|---|---|---|---|
| sc(u)oterò | | avrò | scosso |
| sc(u)oterai | | avrai | scosso |
| sc(u)oterà | | avrà | scosso |
| sc(u)oteremo | | avremo | scosso |
| sc(u)oterete | | avrete | scosso |
| sc(u)oteranno | | avranno | scosso |

## CONGIUNTIVO

| **Presente** | | **Passato** | |
|---|---|---|---|
| scuota | | abbia | scosso |
| scuota | | abbia | scosso |
| scuota | | abbia | scosso |
| sc(u)otiamo | | abbiamo | scosso |
| sc(u)otiate | | abbiate | scosso |
| scuotano | | abbiano | scosso |

| **Imperfetto** | | **Trapassato** | |
|---|---|---|---|
| sc(u)otessi | | avessi | scosso |
| sc(u)otessi | | avessi | scosso |
| sc(u)otesse | | avesse | scosso |
| sc(u)otessimo | | avessimo | scosso |
| sc(u)oteste | | aveste | scosso |
| sc(u)otessero | | avessero | scosso |

## CONDIZIONALE

| **Presente** | | **Passato** | |
|---|---|---|---|
| sc(u)oterei | | avrei | scosso |
| sc(u)oteresti | | avresti | scosso |
| sc(u)oterebbe | | avrebbe | scosso |
| sc(u)oteremmo | | avremmo | scosso |
| sc(u)otereste | | avreste | scosso |
| sc(u)oterebbero | | avrebbero | scosso |

## IMPERATIVO

| | | | |
|---|---|---|---|
| — | | *(noi)* | sc(u)otiamo |
| *(tu)* | scuoti | *(voi)* | sc(u)otete |
| *(Lei)* | scuota | *(Loro)* | scuotano |

## INFINITO

| **Presente** | **Passato** |
|---|---|
| scuotere | avere scosso |

## GERUNDIO

| **Presente** | **Passato** |
|---|---|
| sc(u)otendo | avendo scosso |

## PARTICIPIO

| **Passato** |
|---|
| scosso |

# sedere
sitzen

-e- → -ie-

## INDICATIVO

| Presente | Passato prossimo | |
|---|---|---|
| siedo / seggo | sono | seduto |
| siedi | sei | seduto |
| siede | è | seduto |
| sediamo | siamo | seduti |
| sedete | siete | seduti |
| siedono / seggono | sono | seduti |

| Imperfetto | Trapassato prossimo | |
|---|---|---|
| sedevo | ero | seduto |
| sedevi | eri | seduto |
| sedeva | era | seduto |
| sedevamo | eravamo | seduti |
| sedevate | eravate | seduti |
| sedevano | erano | seduti |

| Passato remoto | Trapassato remoto | |
|---|---|---|
| sedei / -etti | fui | seduto |
| sedesti | fosti | seduto |
| sedé / -ette | fu | seduto |
| sedemmo | fummo | seduti |
| sedeste | foste | seduti |
| sederono / -ettero | furono | seduti |

| Futuro semplice | Futuro anteriore | |
|---|---|---|
| s(i)ederò | sarò | seduto |
| s(i)ederai | sarai | seduto |
| s(i)ederà | sarà | seduto |
| s(i)ederemo | saremo | seduti |
| s(i)ederete | sarete | seduti |
| s(i)ederanno | saranno | seduti |

## CONGIUNTIVO

| Presente | Passato | |
|---|---|---|
| sieda / segga | sia | seduto |
| sieda / segga | sia | seduto |
| sieda / segga | sia | seduto |
| sediamo | siamo | seduti |
| sediate | siate | seduti |
| siedano / seggano | siano | seduti |

| Imperfetto | Trapassato | |
|---|---|---|
| sedessi | fossi | seduto |
| sedessi | fossi | seduto |
| sedesse | fosse | seduto |
| sedessimo | fossimo | seduti |
| sedeste | foste | seduti |
| sedessero | fossero | seduti |

## CONDIZIONALE

| Presente | Passato | |
|---|---|---|
| s(i)ederei | sarei | seduto |
| s(i)ederesti | saresti | seduto |
| s(i)ederebbe | sarebbe | seduto |
| s(i)ederemmo | saremmo | seduti |
| s(i)edereste | sareste | seduti |
| s(i)ederebbero | sarebbero | seduti |

## IMPERATIVO

| | | |
|---|---|---|
| — | (noi) | sediamo |
| (tu) siedi | (voi) | sedete |
| (Lei) sieda / segga | (Loro) | siedano / seggano |

## INFINITO

| Presente | Passato |
|---|---|
| sedere | essere seduto |

## GERUNDIO

| Presente | Passato |
|---|---|
| sedendo | essendo seduto |

## PARTICIPIO

| Passato |
|---|
| seduto |

# spegnere
## ausschalten

**-gn- → -ng-**

## INDICATIVO

| Presente | Passato prossimo | |
|---|---|---|
| spengo | ho | spento |
| spegni | hai | spento |
| spegne | ha | spento |
| spegniamo | abbiamo | spento |
| spegnete | avete | spento |
| spengono | hanno | spento |

| Imperfetto | Trapassato prossimo | |
|---|---|---|
| spegnevo | avevo | spento |
| spegnevi | avevi | spento |
| spegneva | aveva | spento |
| spegnevamo | avevamo | spento |
| spegnevate | avevate | spento |
| spegnevano | avevano | spento |

| Passato remoto | Trapassato remoto | |
|---|---|---|
| spensi | ebbi | spento |
| spegnesti | avesti | spento |
| spense | ebbe | spento |
| spegnemmo | avemmo | spento |
| spegneste | aveste | spento |
| spensero | ebbero | spento |

| Futuro semplice | Futuro anteriore | |
|---|---|---|
| spegnerò | avrò | spento |
| spegnerai | avrai | spento |
| spegnerà | avrà | spento |
| spegneremo | avremo | spento |
| spegnerete | avrete | spento |
| spegneranno | avranno | spento |

## CONGIUNTIVO

| Presente | Passato | |
|---|---|---|
| spenga | abbia | spento |
| spenga | abbia | spento |
| spenga | abbia | spento |
| spegnamo | abbiamo | spento |
| spegniate | abbiate | spento |
| spengano | abbiano | spento |

| Imperfetto | Trapassato | |
|---|---|---|
| spegnessi | avessi | spento |
| spegnessi | avessi | spento |
| spegnesse | avesse | spento |
| spegnessimo | avessimo | spento |
| spegneste | aveste | spento |
| spegnessero | avessero | spento |

## CONDIZIONALE

| Presente | Passato | |
|---|---|---|
| spegnerei | avrei | spento |
| spegneresti | avresti | spento |
| spegnerebbe | avrebbe | spento |
| spegneremmo | avremmo | spento |
| spegnereste | avreste | spento |
| spegnerebbero | avrebbero | spento |

## IMPERATIVO

| | | | |
|---|---|---|---|
| — | | (noi) | spegniamo |
| (tu) | spegni | (voi) | spegnete |
| (Lei) | spenga | (Loro) | spengano |

## INFINITO

| Presente | Passato |
|---|---|
| spegnere | avere spento |

## GERUNDIO

| Presente | Passato |
|---|---|
| spegnendo | avendo spento |

## PARTICIPIO

| Passato |
|---|
| spento |

# tacere
## schweigen

**-c- → -cc(i)-, -cqu-**

## INDICATIVO

| **Presente** | **Passato prossimo** | |
|---|---|---|
| taccio | ho | taciuto |
| taci | hai | taciuto |
| tace | ha | taciuto |
| tac(c)iamo | abbiamo | taciuto |
| tacete | avete | taciuto |
| tacciono | hanno | taciuto |

| **Imperfetto** | **Trapassato prossimo** | |
|---|---|---|
| tacevo | avevo | taciuto |
| tacevi | avevi | taciuto |
| taceva | aveva | taciuto |
| tacevamo | avevamo | taciuto |
| tacevate | avevate | taciuto |
| tacevano | avevano | taciuto |

| **Passato remoto** | **Trapassato remoto** | |
|---|---|---|
| tacqui | ebbi | taciuto |
| tacesti | avesti | taciuto |
| tacque | ebbe | taciuto |
| tacemmo | avemmo | taciuto |
| taceste | aveste | taciuto |
| tacquero | ebbero | taciuto |

| **Futuro semplice** | **Futuro anteriore** | |
|---|---|---|
| tacerò | avrò | taciuto |
| tacerai | avrai | taciuto |
| tacerà | avrà | taciuto |
| taceremo | avremo | taciuto |
| tacerete | avrete | taciuto |
| taceranno | avranno | taciuto |

## CONGIUNTIVO

| **Presente** | **Passato** | |
|---|---|---|
| taccia | abbia | taciuto |
| taccia | abbia | taciuto |
| taccia | abbia | taciuto |
| tac(c)iamo | abbiamo | taciuto |
| tac(c)iate | abbiate | taciuto |
| tacciano | abbiano | taciuto |

| **Imperfetto** | **Trapassato** | |
|---|---|---|
| tacessi | avessi | taciuto |
| tacessi | avessi | taciuto |
| tacesse | avesse | taciuto |
| tacessimo | avessimo | taciuto |
| taceste | aveste | taciuto |
| tacessero | avessero | taciuto |

## CONDIZIONALE

| **Presente** | **Passato** | |
|---|---|---|
| tacerei | avrei | taciuto |
| taceresti | avresti | taciuto |
| tacerebbe | avrebbe | taciuto |
| taceremmo | avremmo | taciuto |
| tacereste | avreste | taciuto |
| tacerebbero | avrebbero | taciuto |

## IMPERATIVO

| | | |
|---|---|---|
| — | (noi) | tac(c)iamo |
| (tu) taci | (voi) | tacete |
| (Lei) taccia | (Loro) | tacciano |

## INFINITO

| **Presente** | **Passato** |
|---|---|
| tacere | avere taciuto |

## GERUNDIO

| **Presente** | **Passato** |
|---|---|
| tacendo | avendo taciuto |

## PARTICIPIO

| **Passato** |
|---|
| taciuto |

# tenere
## halten

## INDICATIVO

| Presente | Passato prossimo | |
|---|---|---|
| tengo | ho | tenuto |
| tieni | hai | tenuto |
| tiene | ha | tenuto |
| teniamo | abbiamo | tenuto |
| tenete | avete | tenuto |
| tengono | hanno | tenuto |

| Imperfetto | Trapassato prossimo | |
|---|---|---|
| tenevo | avevo | tenuto |
| tenevi | avevi | tenuto |
| teneva | aveva | tenuto |
| tenevamo | avevamo | tenuto |
| tenevate | avevate | tenuto |
| tenevano | avevano | tenuto |

| Passato remoto | Trapassato remoto | |
|---|---|---|
| tenni | ebbi | tenuto |
| tenesti | avesti | tenuto |
| tenne | ebbe | tenuto |
| tenemmo | avemmo | tenuto |
| teneste | aveste | tenuto |
| tennero | ebbero | tenuto |

| Futuro semplice | Futuro anteriore | |
|---|---|---|
| terrò | avrò | tenuto |
| terrai | avrai | tenuto |
| terrà | avrà | tenuto |
| terremo | avremo | tenuto |
| terrete | avrete | tenuto |
| terranno | avranno | tenuto |

## CONGIUNTIVO

| Presente | Passato | |
|---|---|---|
| tenga | abbia | tenuto |
| tenga | abbia | tenuto |
| tenga | abbia | tenuto |
| teniamo | abbiamo | tenuto |
| teniate | abbiate | tenuto |
| tengano | abbiano | tenuto |

| Imperfetto | Trapassato | |
|---|---|---|
| tenessi | avessi | tenuto |
| tenessi | avessi | tenuto |
| tenesse | avesse | tenuto |
| tenessimo | avessimo | tenuto |
| teneste | aveste | tenuto |
| tenessero | avessero | tenuto |

## CONDIZIONALE

| Presente | Passato | |
|---|---|---|
| terrei | avrei | tenuto |
| terresti | avresti | tenuto |
| terrebbe | avrebbe | tenuto |
| terremmo | avremmo | tenuto |
| terreste | avreste | tenuto |
| terrebbero | avrebbero | tenuto |

## IMPERATIVO

| — | | (noi) | teniamo |
|---|---|---|---|
| (tu) | tieni | (voi) | tenete |
| (Lei) | tenga | (Loro) | tengano |

## INFINITO

| Presente | Passato |
|---|---|
| tenere | avere tenuto |

## GERUNDIO

| Presente | Passato |
|---|---|
| tenendo | avendo tenuto |

## PARTICIPIO

| Passato |
|---|
| tenuto |

# trarre
ziehen

Verkürzte Form von **traere**

## INDICATIVO

| **Presente** | **Passato prossimo** | |
|---|---|---|
| traggo | ho | tratto |
| trai | hai | tratto |
| trae | ha | tratto |
| traiamo | abbiamo | tratto |
| traete | avete | tratto |
| traggono | hanno | tratto |

| **Imperfetto** | **Trapassato prossimo** | |
|---|---|---|
| traevo | avevo | tratto |
| traevi | avevi | tratto |
| traeva | aveva | tratto |
| traevamo | avevamo | tratto |
| traevate | avevate | tratto |
| traevano | avevano | tratto |

| **Passato remoto** | **Trapassato remoto** | |
|---|---|---|
| trassi | ebbi | tratto |
| traesti | avesti | tratto |
| trasse | ebbe | tratto |
| traemmo | avemmo | tratto |
| traeste | aveste | tratto |
| trassero | ebbero | tratto |

| **Futuro semplice** | **Futuro anteriore** | |
|---|---|---|
| trarrò | avrò | tratto |
| trarrai | avrai | tratto |
| trarrà | avrà | tratto |
| trarremo | avremo | tratto |
| trarrete | avrete | tratto |
| trarranno | avranno | tratto |

## CONGIUNTIVO

| **Presente** | **Passato** | |
|---|---|---|
| tragga | abbia | tratto |
| tragga | abbia | tratto |
| tragga | abbia | tratto |
| traiamo | abbiamo | tratto |
| traiate | abbiate | tratto |
| traggano | abbiano | tratto |

| **Imperfetto** | **Trapassato** | |
|---|---|---|
| traessi | avessi | tratto |
| traessi | avessi | tratto |
| traesse | avesse | tratto |
| traessimo | avessimo | tratto |
| traeste | aveste | tratto |
| traessero | avessero | tratto |

## CONDIZIONALE

| **Presente** | **Passato** | |
|---|---|---|
| trarrei | avrei | tratto |
| trarresti | avresti | tratto |
| trarrebbe | avrebbe | tratto |
| trarremmo | avremmo | tratto |
| trarreste | avreste | tratto |
| trarrebbero | avrebbero | tratto |

## IMPERATIVO

| | | |
|---|---|---|
| — | *(noi)* | traiamo |
| *(tu)* trai | *(voi)* | traete |
| *(Lei)* tragga | *(Loro)* | traggano |

## INFINITO

| **Presente** | **Passato** |
|---|---|
| trarre | avere tratto |

## GERUNDIO

| **Presente** | **Passato** |
|---|---|
| traendo | avendo tratto |

## PARTICIPIO

| **Passato** |
|---|
| tratto |

# valere
## gelten

## INDICATIVO

| Presente | Passato prossimo | |
|---|---|---|
| valgo | sono | valso |
| vali | sei | valso |
| vale | è | valso |
| valiamo | siamo | valsi |
| valete | siete | valsi |
| valgono | sono | valsi |

| Imperfetto | Trapassato prossimo | |
|---|---|---|
| valevo | ero | valso |
| valevi | eri | valso |
| valeva | era | valso |
| valevamo | eravamo | valsi |
| valevate | eravate | valsi |
| valevano | erano | valsi |

| Passato remoto | Trapassato remoto | |
|---|---|---|
| valsi | fui | valso |
| valesti | fosti | valso |
| valse | fu | valso |
| valemmo | fummo | valsi |
| valeste | foste | valsi |
| valsero | furono | valsi |

| Futuro semplice | Futuro anteriore | |
|---|---|---|
| varrò | sarò | valso |
| varrai | sarai | valso |
| varrà | sarà | valso |
| varremo | saremo | valsi |
| varrete | sarete | valsi |
| varranno | saranno | valsi |

## CONGIUNTIVO

| Presente | Passato | |
|---|---|---|
| valga | sia | valso |
| valga | sia | valso |
| valga | sia | valso |
| valiamo | siamo | valsi |
| valiate | siate | valsi |
| valgano | siano | valsi |

| Imperfetto | Trapassato | |
|---|---|---|
| valessi | fossi | valso |
| valessi | fossi | valso |
| valesse | fosse | valso |
| valessimo | fossimo | valsi |
| valeste | foste | valsi |
| valessero | fossero | valsi |

## CONDIZIONALE

| Presente | Passato | |
|---|---|---|
| varrei | sarei | valso |
| varresti | saresti | valso |
| varrebbe | sarebbe | valso |
| varremmo | saremmo | valsi |
| varreste | sareste | valsi |
| varrebbero | sarebbero | valsi |

## IMPERATIVO

| | | | |
|---|---|---|---|
| — | | (noi) | valiamo |
| (tu) | vali | (voi) | valete |
| (Lei) | valga | (Loro) | valgano |

## INFINITO

| Presente | Passato |
|---|---|
| valere | essere valso |

## GERUNDIO

| Presente | Passato |
|---|---|
| valendo | essendo valso |

## PARTICIPIO

| Passato |
|---|
| valso |

# vedere
sehen

## INDICATIVO

### Presente / Passato prossimo

| Presente | Passato prossimo | |
|---|---|---|
| vedo | ho | visto |
| vedi | hai | visto |
| vede | ha | visto |
| vediamo | abbiamo | visto |
| vedete | avete | visto |
| vedono | hanno | visto |

### Imperfetto / Trapassato prossimo

| Imperfetto | Trapassato prossimo | |
|---|---|---|
| vedevo | avevo | visto |
| vedevi | avevi | visto |
| vedeva | aveva | visto |
| vedevamo | avevamo | visto |
| vedevate | avevate | visto |
| vedevano | avevano | visto |

### Passato remoto / Trapassato remoto

| Passato remoto | Trapassato remoto | |
|---|---|---|
| vidi | ebbi | visto |
| vedesti | avesti | visto |
| vide | ebbe | visto |
| vedemmo | avemmo | visto |
| vedeste | aveste | visto |
| videro | ebbero | visto |

### Futuro semplice / Futuro anteriore

| Futuro semplice | Futuro anteriore | |
|---|---|---|
| vedrò | avrò | visto |
| vedrai | avrai | visto |
| vedrà | avrà | visto |
| vedremo | avremo | visto |
| vedrete | avrete | visto |
| vedranno | avranno | visto |

## CONGIUNTIVO

### Presente / Passato

| Presente | Passato | |
|---|---|---|
| veda | abbia | visto |
| veda | abbia | visto |
| veda | abbia | visto |
| vediamo | abbiamo | visto |
| vediate | abbiate | visto |
| vedano | abbiano | visto |

### Imperfetto / Trapassato

| Imperfetto | Trapassato | |
|---|---|---|
| vedessi | avessi | visto |
| vedessi | avessi | visto |
| vedesse | avesse | visto |
| vedessimo | avessimo | visto |
| vedeste | aveste | visto |
| vedessero | avessero | visto |

## CONDIZIONALE

### Presente / Passato

| Presente | Passato | |
|---|---|---|
| vedrei | avrei | visto |
| vedresti | avresti | visto |
| vedrebbe | avrebbe | visto |
| vedremmo | avremmo | visto |
| vedreste | avreste | visto |
| vedrebbero | avrebbero | visto |

## IMPERATIVO

| | | |
|---|---|---|
| — | (noi) | vediamo |
| (tu) vedi | (voi) | vedete |
| (Lei) veda | (Loro) | vedano |

## INFINITO

| Presente | Passato |
|---|---|
| vedere | avere visto |

## GERUNDIO

| Presente | Passato |
|---|---|
| vedendo | avendo visto |

## PARTICIPIO

| Passato |
|---|
| visto / veduto |

# vivere
 leben

-v- → -ss-

## INDICATIVO

| Presente | Passato prossimo | |
|---|---|---|
| vivo | ho | vissuto |
| vivi | hai | vissuto |
| vive | ha | vissuto |
| viviamo | abbiamo | vissuto |
| vivete | avete | vissuto |
| vivono | hanno | vissuto |

| Imperfetto | Trapassato prossimo | |
|---|---|---|
| vivevo | avevo | vissuto |
| vivevi | avevi | vissuto |
| viveva | aveva | vissuto |
| vivevamo | avevamo | vissuto |
| vivevate | avevate | vissuto |
| vivevano | avevano | vissuto |

| Passato remoto | Trapassato remoto | |
|---|---|---|
| vissi | ebbi | vissuto |
| vivesti | avesti | vissuto |
| visse | ebbe | vissuto |
| vivemmo | avemmo | vissuto |
| viveste | aveste | vissuto |
| vissero | ebbero | vissuto |

| Futuro semplice | Futuro anteriore | |
|---|---|---|
| vivrò | avrò | vissuto |
| vivrai | avrai | vissuto |
| vivrà | avrà | vissuto |
| vivremo | avremo | vissuto |
| vivrete | avrete | vissuto |
| vivranno | avranno | vissuto |

## CONGIUNTIVO

| Presente | Passato | |
|---|---|---|
| viva | abbia | vissuto |
| viva | abbia | vissuto |
| viva | abbia | vissuto |
| viviamo | abbiamo | vissuto |
| viviate | abbiate | vissuto |
| vivano | abbiano | vissuto |

| Imperfetto | Trapassato | |
|---|---|---|
| vivessi | avessi | vissuto |
| vivessi | avessi | vissuto |
| vivesse | avesse | vissuto |
| vivessimo | avessimo | vissuto |
| viveste | aveste | vissuto |
| vivessero | avessero | vissuto |

## CONDIZIONALE

| Presente | Passato | |
|---|---|---|
| vivrei | avrei | vissuto |
| vivresti | avresti | vissuto |
| vivrebbe | avrebbe | vissuto |
| vivremmo | avremmo | vissuto |
| vivreste | avreste | vissuto |
| vivrebbero | avrebbero | vissuto |

## IMPERATIVO

| | | | |
|---|---|---|---|
| — | | (noi) | viviamo |
| (tu) | vivi | (voi) | vivete |
| (Lei) | viva | (Loro) | vivano |

## INFINITO

| Presente | Passato |
|---|---|
| vivere | avere vissuto |

## GERUNDIO

| Presente | Passato |
|---|---|
| vivendo | avendo vissuto |

## PARTICIPIO

| Passato |
|---|
| vissuto |

# volere
## wollen

## INDICATIVO

### Presente
voglio
vuoi
vuole
vogliamo
volete
vogliono

### Passato prossimo
ho voluto
hai voluto
ha voluto
abbiamo voluto
avete voluto
hanno voluto

### Imperfetto
volevo
volevi
voleva
volevamo
volevate
volevano

### Trapassato prossimo
avevo voluto
avevi voluto
aveva voluto
avevamo voluto
avevate voluto
avevano voluto

### Passato remoto
volli
volesti
volle
volemmo
voleste
vollero

### Trapassato remoto
ebbi voluto
avesti voluto
ebbe voluto
avemmo voluto
aveste voluto
ebbero voluto

### Futuro semplice
vorrò
vorrai
vorrà
vorremo
vorrete
vorranno

### Futuro anteriore
avrò voluto
avrai voluto
avrà voluto
avremo voluto
avrete voluto
avranno voluto

## CONGIUNTIVO

### Presente
voglia
voglia
voglia
vogliamo
vogliate
vogliano

### Passato
abbia voluto
abbia voluto
abbia voluto
abbiamo voluto
abbiate voluto
abbiano voluto

### Imperfetto
volessi
volessi
volesse
volessimo
voleste
volessero

### Trapassato
avessi voluto
avessi voluto
avesse voluto
avessimo voluto
aveste voluto
avessero voluto

## CONDIZIONALE

### Presente
vorrei
vorresti
vorrebbe
vorremmo
vorreste
vorrebbero

### Passato
avrei voluto
avresti voluto
avrebbe voluto
avremmo voluto
avreste voluto
avrebbero voluto

## IMPERATIVO

| — | (noi) | vogliamo |
| (tu) vogli | (voi) | vogliate |
| (Lei) voglia | (Loro) | vogliano |

## INFINITO

### Presente
volere

### Passato
avere voluto

## GERUNDIO

### Presente
volendo

### Passato
avendo voluto

## PARTICIPIO

### Passato
voluto

# Verben der 2. Konjugation, bei denen nur Formen des *Passato remoto* und/oder das *Participio* unregelmäßig sind

< + E >   =   dieses Verb bildet die zusammengesetzten Zeiten mit *essere*
< + E/A > =   dieses Verb bildet die zusammengesetzten Zeiten mit *essere* oder *avere*

Alle übrigen Verben bilden die zusammengesetzten Zeiten mit *avere*.

---

**49**

**affigere**
anschlagen

| Passato remoto | | Participio |
|---|---|---|
| affissi | affiggemmo | affisso |
| affiggesti | affiggesto | |
| affisse | affissero | |

---

**50**

**ardere**
brennen

| Passato remoto | | Participio |
|---|---|---|
| arsi | ardemmo | arso |
| ardesti | ardeste | |
| arse | arsero | < + E/A > |

---

**51**

**assolvere**
freisprechen

| Passato remoto | | Participio |
|---|---|---|
| assolsi | assolvemmo | assolto |
| assolvesti | assolveste | |
| assolse | assolsero | |

---

**52**

**assumere**
übernehmen

| Passato remoto | | Participio |
|---|---|---|
| assunsi | assumemmo | assunto |
| assumesti | assumeste | |
| assunse | assunsero | |

---

**53**

**assurgere**
emporsteigen

| Passato remoto | | Participio |
|---|---|---|
| assursi | assurgemmo | assurto |
| assurgesti | assurgeste | |
| assurse | assursero | < + E > |

---

**54**

**concedere**
gewähren

| Passato remoto | | Participio |
|---|---|---|
| concessi | concedemmo | concesso |
| concedesti | concedeste | |
| concesse | concessero | |

**55**

**conọscere**
kennen

**Passato remoto**
conobbi     conoscemmo
conoscesti     conosceste
conobbe     conọbbero

**Participio**
conosciuto

---

**56**

**contụndere**
prellen

**Passato remoto**
contusi     contundemmo
contundesti     contundeste
contuse     contụsero

**Participio**
contuso

---

**57**

**cọrrere**
rennen

**Passato remoto**
corsi     corremmo
corresti     correste
corse     cọrsero

**Participio**
corso

< + E/A >

---

**58**

**crẹscere**
wachsen

**Passato remoto**
crebbi     crescemmo
crescesti     cresceste
crebbe     crẹbbero

**Participio**
cresciuto

< + E/A >

---

**59**

**discụtere**
diskutieren

**Passato remoto**
discussi     discutemmo
discutesti     discuteste
discusse     discụssero

**Participio**
discusso

---

**60**

**dissuadere**
abraten

**Passato remoto**
dissuasi     disuademmo
dissuadesti     dissuadeste
dissuase     dissuạsero

**Participio**
dissuaso

---

**61**

**distịnguere**
unterscheiden

**Passato remoto**
distinsi     distinguemmo
distinguesti     distingueste
distinse     distịnsero

**Participio**
distinto

**62**

| | Passato remoto | | Participio |
|---|---|---|---|
| **emergere** | emersi | emergemmo | emerso |
| hervorragen | emergesti | emergeste | |
| | emerse | emersero | < + E > |

**63**

| | Passato remoto | | Participio |
|---|---|---|---|
| **ergere** | ersi | ergemmo | erto |
| erheben | ergesti | ergeste | |
| | erse | ersero | |

**64**

| | Passato remoto | | Participio |
|---|---|---|---|
| **erigere** | eressi | erigemmo | eretto |
| errichten | erigesti | erigeste | |
| | eresse | eressero | |

**65**

| | Passato remoto | | Participio |
|---|---|---|---|
| **espandere** | espansi | espandemmo | espanso |
| ausdehnen | espandesti | espandeste | |
| | espanse | espansero | |

**66**

| | Passato remoto | | Participio |
|---|---|---|---|
| **espellere** | espulsi | espellemmo | espulso |
| ausweisen | espellesti | espelleste | |
| | espulse | espulsero | |

**67**

| | Passato remoto | | Participio |
|---|---|---|---|
| **esprimere** | espressi | esprimemmo | espresso |
| ausdrücken | esprimesti | esprimeste | |
| | espresse | espressero | |

**68**

| | Passato remoto | | Participio |
|---|---|---|---|
| **figgere** | fissi | figgemmo | fitto |
| hineintreiben | figgesti | figgeste | |
| | fisse | fissero | |

**69**

**fingere**
vortäuschen

**Passato remoto**

| | |
|---|---|
| finsi | fingemmo |
| fingesti | fingeste |
| finse | finsero |

**Participio**
finto

**70**

**fondere**
schmelzen

**Passato remoto**

| | |
|---|---|
| fusi | fondemmo |
| fondesti | fondeste |
| fuse | fusero |

**Participio**
fuso

**71**

**frangere**
brechen

**Passato remoto**

| | |
|---|---|
| fransi | frangemmo |
| frangesti | frangeste |
| franse | fransero |

**Participio**
franto

**72**

**fungere**
fungieren

**Passato remoto**

| | |
|---|---|
| funsi | fungemmo |
| fungesti | fungeste |
| funse | funsero |

**Participio**
funto

**73**

**giungere**
ankommen

**Passato remoto**

| | |
|---|---|
| giunsi | giungemmo |
| giungesti | giungeste |
| giunse | giunsero |

**Participio**
giunto

< + E >

**74**

**indulgere**
nachgeben

**Passato remoto**

| | |
|---|---|
| indulsi | indulgemmo |
| indulgesti | indulgeste |
| indulse | indulsero |

**Participio**
indulto

**75**

**invadere**
überfallen

**Passato remoto**

| | |
|---|---|
| invasi | invademmo |
| invadesti | invadeste |
| invase | invasero |

**Participio**
invaso

**76**

**leggere**
lesen

| Passato remoto | | Participio |
|---|---|---|
| lessi | leggemmo | letto |
| leggesti | leggeste | |
| lesse | lessero | |

**77**

**mettere**
setzen, legen,
stellen

| Passato remoto | | Participio |
|---|---|---|
| misi | mettemmo | messo |
| mettesti | metteste | |
| mise | misero | |

**78**

**mordere**
beißen

| Passato remoto | | Participio |
|---|---|---|
| morsi | mordemmo | morso |
| mordesti | mordeste | |
| morse | morsero | |

**79**

**nascere**
geboren werden

| Passato remoto | | Participio |
|---|---|---|
| nacqui | nascemmo | nato |
| nascesti | nasceste | |
| nacque | nacquero | < + E > |

**80**

**perdere**
verlieren

| Passato remoto | | Participio |
|---|---|---|
| persi/perdei/-etti | perdemmo | perso / perduto |
| perdesti | perdeste | |
| perse/perdé/-ette | persero/ perderono/-ettero | |

**81**

**piangere**
weinen

| Passato remoto | | Participio |
|---|---|---|
| piansi | piangemmo | pianto |
| piangesti | piangeste | |
| pianse | piansero | |

**82**

**piovere**
regnen

| Passato remoto | | Participio |
|---|---|---|
| — | — | piovuto |
| — | — | |
| piovve | — | < + E/A > |

## 83

**prendere**
nehmen

**Passato remoto**

| presi | prendemmo |
|-------|-----------|
| prendesti | prendeste |
| prese | presero |

**Participio**
preso

## 84

**redigere**
verfassen

**Passato remoto**

| redassi | redigemmo |
|---------|-----------|
| redigesti | redigeste |
| redasse | redassero |

**Participio**
redatto

## 85

**redimere**
erlösen

**Passato remoto**

| redensi | redimemmo |
|---------|-----------|
| redimesti | redimeste |
| redense | redensero |

**Participio**
redento

## 86

**resistere**
aushalten

**Passato remoto**

| resistei / -etti | resistemmo |
|------------------|------------|
| resistesti | resisteste |
| resisté / -ette | resisterono / -ettero |

**Participio**
resistito

## 87

**ridere**
lachen

**Passato remoto**

| risi | ridemmo |
|------|---------|
| ridesti | rideste |
| rise | risero |

**Participio**
riso

## 88

**riflettere**
nachdenken

**Passato remoto**

| riflessi / riflettei | riflettemmo |
|----------------------|-------------|
| riflettesti | rifletteste |
| riflesse | riflessero |

**Participio**
riflesso / riflettuto

## 89

**rispondere**
antworten

**Passato remoto**

| risposi | rispondemmo |
|---------|-------------|
| rispondesti | rispondeste |
| rispose | risposero |

**Participio**
risposto

## 90

**rodere**
nagen

| Passato remoto | | Participio |
|---|---|---|
| rosi | rodemmo | roso |
| rodesti | rodeste | |
| rose | rosero | |

## 91

**rompere**
brechen

| Passato remoto | | Participio |
|---|---|---|
| ruppi | rompemmo | rotto |
| rompesti | rompeste | |
| ruppe | ruppero | |

## 92

**scindere**
spalten

| Passato remoto | | Participio |
|---|---|---|
| scissi | scindemmo | scisso |
| scindesti | scindeste | |
| scisse | scissero | |

## 93

**scrivere**
schreiben

| Passato remoto | | Participio |
|---|---|---|
| scrissi | scrivemmo | scritto |
| scrivesti | scriveste | |
| scrisse | scrissero | |

## 94

**sorgere**
aufgehen,
sich erheben

| Passato remoto | | Participio |
|---|---|---|
| sorsi | sorgemmo | sorto |
| sorgesti | sorgeste | |
| sorse | sorsero | < + E > |

## 95

**spargere**
ausstreuen

| Passato remoto | | Participio |
|---|---|---|
| sparsi | spargemmo | sparso |
| spargesti | spargeste | |
| sparse | sparsero | |

## 96

**stringere**
drücken

| Passato remoto | | Participio |
|---|---|---|
| strinsi | stringemmo | stretto |
| stringesti | stringeste | |
| strinse | strinsero | |

**97**

**struggere**
(dahin)schmelzen

| Passato remoto | | Participio |
|---|---|---|
| strussi | struggemmo | strutto |
| struggesti | struggeste | |
| strusse | strussero | |

**98**

**torcere**
drehen

| Passato remoto | | Participio |
|---|---|---|
| torsi | torcemmo | torto |
| torcesti | torceste | |
| torse | torsero | |

**99**

**vincere**
gewinnen

| Passato remoto | | Participio |
|---|---|---|
| vinsi | vincemmo | vinto |
| vincesti | vinceste | |
| vinse | vinsero | |

**100**

**volgere**
wenden

| Passato remoto | | Participio |
|---|---|---|
| volsi | volgemmo | volto |
| volgesti | volgeste | |
| volse | volsero | |

# sentire
hören, fühlen

Regelmäßiges Verb

## INDICATIVO

| Presente | Passato prossimo | |
|---|---|---|
| sento | ho | sentito |
| senti | hai | sentito |
| sente | ha | sentito |
| sentiamo | abbiamo | sentito |
| sentite | avete | sentito |
| sentono | hanno | sentito |

| Imperfetto | Trapassato prossimo | |
|---|---|---|
| sentivo | avevo | sentito |
| sentivi | avevi | sentito |
| sentiva | aveva | sentito |
| sentivamo | avevamo | sentito |
| sentivate | avevate | sentito |
| sentivano | avevano | sentito |

| Passato remoto | Trapassato remoto | |
|---|---|---|
| sentii | ebbi | sentito |
| sentisti | avesti | sentito |
| sentì | ebbe | sentito |
| sentimmo | avemmo | sentito |
| sentiste | aveste | sentito |
| sentirono | ebbero | sentito |

| Futuro semplice | Futuro anteriore | |
|---|---|---|
| sentirò | avrò | sentito |
| sentirai | avrai | sentito |
| sentirà | avrà | sentito |
| sentiremo | avremo | sentito |
| sentirete | avrete | sentito |
| sentiranno | avranno | sentito |

## CONGIUNTIVO

| Presente | Passato | |
|---|---|---|
| senta | abbia | sentito |
| senta | abbia | sentito |
| senta | abbia | sentito |
| sentiamo | abbiamo | sentito |
| sentiate | abbiate | sentito |
| sentano | abbiano | sentito |

| Imperfetto | Trapassato | |
|---|---|---|
| sentissi | avessi | sentito |
| sentissi | avessi | sentito |
| sentisse | avesse | sentito |
| sentissimo | avessimo | sentito |
| sentiste | aveste | sentito |
| sentissero | avessero | sentito |

## CONDIZIONALE

| Presente | Passato | |
|---|---|---|
| sentirei | avrei | sentito |
| sentiresti | avresti | sentito |
| sentirebbe | avrebbe | sentito |
| sentiremmo | avremmo | sentito |
| sentireste | avreste | sentito |
| sentirebbero | avrebbero | sentito |

## IMPERATIVO

| | | | |
|---|---|---|---|
| — | | (noi) | sentiamo |
| (tu) | senti | (voi) | sentite |
| (Lei) | senta | (Loro) | sentano |

## INFINITO

| Presente | Passato |
|---|---|
| sentire | avere sentito |

## GERUNDIO

| Presente | Passato |
|---|---|
| sentendo | avendo sentito |

## PARTICIPIO

| Passato |
|---|
| sentito |

# apparire
## erscheinen

## INDICATIVO

| Presente | | Passato prossimo | |
|---|---|---|---|
| appaio / apparisco | | sono | apparso |
| appari / apparisci | | sei | apparso |
| appare / apparisce | | è | apparso |
| appariamo | | siamo | apparsi |
| apparite | | siete | apparsi |
| appaiono / appariscono | | sono | apparsi |

| Imperfetto | | Trapassato prossimo | |
|---|---|---|---|
| apparivo | | ero | apparso |
| apparivi | | eri | apparso |
| appariva | | era | apparso |
| apparivamo | | eravamo | apparsi |
| apparivate | | eravate | apparsi |
| apparivano | | erano | apparsi |

| Passato remoto | | Trapassato remoto | |
|---|---|---|---|
| apparii / -arsi / -arvi | | fui | apparso |
| apparisti | | fosti | apparso |
| apparì / -arse / -arve | | fu | apparso |
| apparimmo | | fummo | apparsi |
| appariste | | foste | apparsi |
| apparirono / -arsero / -arvero | | furono | apparsi |

| Futuro semplice | | Futuro anteriore | |
|---|---|---|---|
| apparirò | | sarò | apparso |
| apparirai | | sarai | apparso |
| apparirà | | sarà | apparso |
| appariremo | | saremo | apparsi |
| apparirete | | sarete | apparsi |
| appariranno | | saranno | apparsi |

## CONGIUNTIVO

| Presente | | Passato | |
|---|---|---|---|
| appaia / apparisca | | sia | apparso |
| appaia / apparisca | | sia | apparso |
| appaia / apparisca | | sia | apparso |
| appariamo | | siamo | apparsi |
| appariate | | siate | apparsi |
| appaiano / appariscano | | siano | apparsi |

| Imperfetto | | Trapassato | |
|---|---|---|---|
| apparissi | | fossi | apparso |
| apparissi | | fossi | apparso |
| apparisse | | fosse | apparso |
| apparissimo | | fossimo | apparsi |
| appariste | | foste | apparsi |
| apparissero | | fossero | apparsi |

## CONDIZIONALE

| Presente | | Passato | |
|---|---|---|---|
| apparirei | | sarei | apparso |
| appariresti | | saresti | apparso |
| apparirebbe | | sarebbe | apparso |
| appariremmo | | saremmo | apparsi |
| apparireste | | sareste | apparsi |
| apparirebbero | | sarebbero | apparsi |

## IMPERATIVO

| | | | |
|---|---|---|---|
| — | | (noi) | appariamo |
| (tu) | appari / apparisci | (voi) | apparite |
| (Lei) | appaia / apparisca | (Loro) | appaiano / appariscano |

## INFINITO

| Presente | Passato |
|---|---|
| apparire | essere apparso |

## GERUNDIO

| Presente | Passato |
|---|---|
| apparendo | essendo apparso |

## PARTICIPIO

| Passato |
|---|
| apparso |

# aprire
## öffnen

## INDICATIVO

| Presente | Passato prossimo | |
|---|---|---|
| apro | ho | aperto |
| apri | hai | aperto |
| apre | ha | aperto |
| apriamo | abbiamo | aperto |
| aprite | avete | aperto |
| aprono | hanno | aperto |

| Imperfetto | Trapassato prossimo | |
|---|---|---|
| aprivo | avevo | aperto |
| aprivi | avevi | aperto |
| apriva | aveva | aperto |
| aprivamo | avevamo | aperto |
| aprivate | avevate | aperto |
| aprivano | avevano | aperto |

| Passato remoto | Trapassato remoto | |
|---|---|---|
| aprii / apersi | ebbi | aperto |
| apristi | avesti | aperto |
| aprì / aperse | ebbe | aperto |
| aprimmo | avemmo | aperto |
| apriste | aveste | aperto |
| aprirono / apersero | ebbero | aperto |

| Futuro semplice | Futuro anteriore | |
|---|---|---|
| aprirò | avrò | aperto |
| aprirai | avrai | aperto |
| aprirà | avrà | aperto |
| apriremo | avremo | aperto |
| aprirete | avrete | aperto |
| apriranno | avranno | aperto |

## CONGIUNTIVO

| Presente | Passato | |
|---|---|---|
| apra | abbia | aperto |
| apra | abbia | aperto |
| apra | abbia | aperto |
| apriamo | abbiamo | aperto |
| apriate | abbiate | aperto |
| aprano | abbiano | aperto |

| Imperfetto | Trapassato | |
|---|---|---|
| aprissi | avessi | aperto |
| aprissi | avessi | aperto |
| aprisse | avesse | aperto |
| aprissimo | avessimo | aperto |
| apriste | aveste | aperto |
| aprissero | avessero | aperto |

## CONDIZIONALE

| Presente | Passato | |
|---|---|---|
| aprirei | avrei | aperto |
| apriresti | avresti | aperto |
| aprirebbe | avrebbe | aperto |
| apriremmo | avremmo | aperto |
| aprireste | avreste | aperto |
| aprirebbero | avrebbero | aperto |

## IMPERATIVO

| | | | |
|---|---|---|---|
| — | | (noi) | apriamo |
| (tu) | apri | (voi) | aprite |
| (Lei) | apra | (Loro) | aprano |

## INFINITO

| Presente | Passato |
|---|---|
| aprire | avere aperto |

## GERUNDIO

| Presente | Passato |
|---|---|
| aprendo | avendo aperto |

## PARTICIPIO

| Passato |
|---|
| aperto |

# capire
### verstehen

Regelmäßiges Verb, aber: + **-isc-**

## INDICATIVO

| Presente | Passato prossimo | |
|---|---|---|
| capisco | ho | capito |
| capisci | hai | capito |
| capisce | ha | capito |
| capiamo | abbiamo | capito |
| capite | avete | capito |
| capiscono | hanno | capito |

| Imperfetto | Trapassato prossimo | |
|---|---|---|
| capivo | avevo | capito |
| capivi | avevi | capito |
| capiva | aveva | capito |
| capivamo | avevamo | capito |
| capivate | avevate | capito |
| capivano | avevano | capito |

| Passato remoto | Trapassato remoto | |
|---|---|---|
| capii | ebbi | capito |
| capisti | avesti | capito |
| capì | ebbe | capito |
| capimmo | avemmo | capito |
| capiste | aveste | capito |
| capirono | ebbero | capito |

| Futuro semplice | Futuro anteriore | |
|---|---|---|
| capirò | avrò | capito |
| capirai | avrai | capito |
| capirà | avrà | capito |
| capiremo | avremo | capito |
| capirete | avrete | capito |
| capiranno | avranno | capito |

## CONGIUNTIVO

| Presente | Passato | |
|---|---|---|
| capisca | abbia | capito |
| capisca | abbia | capito |
| capisca | abbia | capito |
| capiamo | abbiamo | capito |
| capiate | abbiate | capito |
| capiscano | abbiano | capito |

| Imperfetto | Trapassato | |
|---|---|---|
| capissi | avessi | capito |
| capissi | avessi | capito |
| capisse | avesse | capito |
| capissimo | avessimo | capito |
| capiste | aveste | capito |
| capissero | avessero | capito |

## CONDIZIONALE

| Presente | Passato | |
|---|---|---|
| capirei | avrei | capito |
| capiresti | avresti | capito |
| capirebbe | avrebbe | capito |
| capiremmo | avremmo | capito |
| capireste | avreste | capito |
| capirebbero | avrebbero | capito |

## IMPERATIVO

| | | | |
|---|---|---|---|
| — | | (noi) | capiamo |
| (tu) | capisci | (voi) | capite |
| (Lei) | capisca | (Loro) | capiscano |

## INFINITO

| Presente | Passato |
|---|---|
| capire | avere capito |

## GERUNDIO

| Presente | Passato |
|---|---|
| capendo | avendo capito |

## PARTICIPIO

| Passato |
|---|
| capito |

# cucire
### nähen

Regelmäßiges Verb, aber: **-c-** → **-ci-** vor **-a** und **-o**

## INDICATIVO

| Presente | Passato prossimo | |
|---|---|---|
| cucio | ho | cucito |
| cuci | hai | cucito |
| cuce | ha | cucito |
| cuciamo | abbiamo | cucito |
| cucite | avete | cucito |
| cuciono | hanno | cucito |

| Imperfetto | Trapassato prossimo | |
|---|---|---|
| cucivo | avevo | cucito |
| cucivi | avevi | cucito |
| cuciva | aveva | cucito |
| cucivamo | avevamo | cucito |
| cucivate | avevate | cucito |
| cucivano | avevano | cucito |

| Passato remoto | Trapassato remoto | |
|---|---|---|
| cucii | ebbi | cucito |
| cucisti | avesti | cucito |
| cucì | ebbe | cucito |
| cucimmo | avemmo | cucito |
| cuciste | aveste | cucito |
| cucirono | ebbero | cucito |

| Futuro semplice | Futuro anteriore | |
|---|---|---|
| cucirò | avrò | cucito |
| cucirai | avrai | cucito |
| cucirà | avrà | cucito |
| cuciremo | avremo | cucito |
| cucirete | avrete | cucito |
| cuciranno | avranno | cucito |

## CONGIUNTIVO

| Presente | Passato | |
|---|---|---|
| cucia | abbia | cucito |
| cucia | abbia | cucito |
| cucia | abbia | cucito |
| cuciamo | abbiamo | cucito |
| cuciate | abbiate | cucito |
| cuciano | abbiano | cucito |

| Imperfetto | Trapassato | |
|---|---|---|
| cucissi | avessi | cucito |
| cucissi | avessi | cucito |
| cucisse | avesse | cucito |
| cucissimo | avessimo | cucito |
| cuciste | aveste | cucito |
| cucissero | avessero | cucito |

## CONDIZIONALE

| Presente | Passato | |
|---|---|---|
| cucirei | avrei | cucito |
| cuciresti | avresti | cucito |
| cucirebbe | avrebbe | cucito |
| cuciremmo | avremmo | cucito |
| cucireste | avreste | cucito |
| cucirebbero | avrebbero | cucito |

## IMPERATIVO

| | | | |
|---|---|---|---|
| — | | (noi) | cuciamo |
| (tu) | cuci | (voi) | cucite |
| (Lei) | cucia | (Loro) | cuciano |

## INFINITO

| Presente | Passato |
|---|---|
| cucire | avere cucito |

## GERUNDIO

| Presente | Passato |
|---|---|
| cucendo | avendo cucito |

## PARTICIPIO

| Passato |
|---|
| cucito |

# inorgoglire

stolz machen

+ **-isc-** / *Gerundio* = **-ie**ndo

## INDICATIVO

| Presente | Passato prossimo | |
|---|---|---|
| inorgoglisco | sono | inorgoglito |
| inorgoglisci | sei | inorgoglito |
| inorgoglisce | è | inorgoglito |
| inorgogliamo | siamo | inorgogliti |
| inorgoglite | siete | inorgogliti |
| inorgogliscono | sono | inorgogliti |

| Imperfetto | Trapassato prossimo | |
|---|---|---|
| inorgoglivo | ero | inorgoglito |
| inorgoglivi | eri | inorgoglito |
| inorgogliva | era | inorgoglito |
| inorgoglivamo | eravamo | inorgogliti |
| inorgoglivate | eravate | inorgogliti |
| inorgoglivano | erano | inorgogliti |

| Passato remoto | Trapassato remoto | |
|---|---|---|
| inorgoglii | fui | inorgoglito |
| inorgoglisti | fosti | inorgoglito |
| inorgoglì | fu | inorgoglito |
| inorgoglimmo | fummo | inorgogliti |
| inorgogliste | foste | inorgogliti |
| inorgoglirono | furono | inorgogliti |

| Futuro semplice | Futuro anteriore | |
|---|---|---|
| inorgoglirò | sarò | inorgoglito |
| inorgoglirai | sarai | inorgoglito |
| inorgoglirà | sarà | inorgoglito |
| inorgogliremo | saremo | inorgogliti |
| inorgoglirete | sarete | inorgogliti |
| inorgogliranno | saranno | inorgogliti |

## CONGIUNTIVO

| Presente | Passato | |
|---|---|---|
| inorgoglisca | sia | inorgoglito |
| inorgoglisca | sia | inorgoglito |
| inorgoglisca | sia | inorgoglito |
| inorgogliamo | siamo | inorgogliti |
| inorgogliate | siate | inorgogliti |
| inorgogliscano | siano | inorgogliti |

| Imperfetto | Trapassato | |
|---|---|---|
| inorgoglissi | fossi | inorgoglito |
| inorgoglissi | fossi | inorgoglito |
| inorgoglisse | fosse | inorgoglito |
| inorgoglissimo | fossimo | inorgogliti |
| inorgogliste | foste | inorgogliti |
| inorgoglissero | fossero | inorgogliti |

## CONDIZIONALE

| Presente | Passato | |
|---|---|---|
| inorgoglirei | sarei | inorgoglito |
| inorgogliresti | saresti | inorgoglito |
| inorgoglirebbe | sarebbe | inorgoglito |
| inorgogliremmo | saremmo | inorgogliti |
| inorgoglireste | sareste | inorgogliti |
| inorgoglirebbero | sarebbero | inorgogliti |

## IMPERATIVO

| | | | |
|---|---|---|---|
| — | | (noi) | inorgogliamo |
| (tu) | inorgoglisci | (voi) | inorgoglite |
| (Lei) | inorgoglisca | (Loro) | inorgogliscano |

## INFINITO

| Presente | Passato |
|---|---|
| inorgoglire | essere inorgoglito |

## GERUNDIO

| Presente | Passato |
|---|---|
| inorgogliendo | essendo inorgoglito |

## PARTICIPIO

| Passato |
|---|
| inorgoglito |

# morire
## sterben

## INDICATIVO

| Presente | Passato prossimo | |
|---|---|---|
| muoio | sono | morto |
| muori | sei | morto |
| muore | è | morto |
| moriamo | siamo | morti |
| morite | siete | morti |
| muoiono | sono | morti |

| Imperfetto | Trapassato prossimo | |
|---|---|---|
| morivo | ero | morto |
| morivi | eri | morto |
| moriva | era | morto |
| morivamo | eravamo | morti |
| morivate | eravate | morti |
| morivano | erano | morti |

| Passato remoto | Trapassato remoto | |
|---|---|---|
| morii | fui | morto |
| moristi | fosti | morto |
| morì | fu | morto |
| morimmo | fummo | morti |
| moriste | foste | morti |
| morirono | furono | morti |

| Futuro semplice | Futuro anteriore | |
|---|---|---|
| mor(i)rò | sarò | morto |
| mor(i)rai | sarai | morto |
| mor(i)rà | sarà | morto |
| mor(i)remo | saremo | morti |
| mor(i)rete | sarete | morti |
| mor(i)ranno | saranno | morti |

## CONGIUNTIVO

| Presente | Passato | |
|---|---|---|
| muoia | sia | morto |
| muoia | sia | morto |
| muoia | sia | morto |
| moriamo | siamo | morti |
| moriate | siate | morti |
| muoiano | siano | morti |

| Imperfetto | Trapassato | |
|---|---|---|
| morissi | fossi | morto |
| morissi | fossi | morto |
| morisse | fosse | morto |
| morissimo | fossimo | morti |
| moriste | foste | morti |
| morissero | fossero | morti |

## CONDIZIONALE

| Presente | Passato | |
|---|---|---|
| mor(i)rei | sarei | morto |
| mor(i)resti | saresti | morto |
| mor(i)rebbe | sarebbe | morto |
| mor(i)remmo | saremmo | morti |
| mor(i)reste | sareste | morti |
| mor(i)rebbero | sarebbero | morti |

## IMPERATIVO

| | | | |
|---|---|---|---|
| — | | (noi) | moriamo |
| (tu) | muori | (voi) | morite |
| (Lei) | muoia | (Loro) | muoiano |

## INFINITO

| Presente | Passato |
|---|---|
| morire | essere morto |

## GERUNDIO

| Presente | Passato |
|---|---|
| morendo | essendo morto |

## PARTICIPIO

| Passato |
|---|
| morto |

# offrire
anbieten

## INDICATIVO

| Presente | Passato prossimo | |
|---|---|---|
| offro | ho | offerto |
| offri | hai | offerto |
| offre | ha | offerto |
| offriamo | abbiamo | offerto |
| offrite | avete | offerto |
| offrono | hanno | offerto |

| Imperfetto | Trapassato prossimo | |
|---|---|---|
| offrivo | avevo | offerto |
| offrivi | avevi | offerto |
| offriva | aveva | offerto |
| offrivamo | avevamo | offerto |
| offrivate | avevate | offerto |
| offrivano | avevano | offerto |

| Passato remoto | Trapassato remoto | |
|---|---|---|
| offrii / offersi | ebbi | offerto |
| offristi | avesti | offerto |
| offrì / offerse | ebbe | offerto |
| offrimmo | avemmo | offerto |
| offriste | aveste | offerto |
| offrirono / offersero | ebbero | offerto |

| Futuro semplice | Futuro anteriore | |
|---|---|---|
| offrirò | avrò | offerto |
| offrirai | avrai | offerto |
| offrirà | avrà | offerto |
| offriremo | avremo | offerto |
| offrirete | avrete | offerto |
| offriranno | avranno | offerto |

## CONGIUNTIVO

| Presente | Passato | |
|---|---|---|
| offra | abbia | offerto |
| offra | abbia | offerto |
| offra | abbia | offerto |
| offriamo | abbiamo | offerto |
| offriate | abbiate | offerto |
| offrano | abbiano | offerto |

| Imperfetto | Trapassato | |
|---|---|---|
| offrissi | avessi | offerto |
| offrissi | avessi | offerto |
| offrisse | avesse | offerto |
| offrissimo | avessimo | offerto |
| offriste | aveste | offerto |
| offrissero | avessero | offerto |

## CONDIZIONALE

| Presente | Passato | |
|---|---|---|
| offrirei | avrei | offerto |
| offriresti | avresti | offerto |
| offrirebbe | avrebbe | offerto |
| offriremmo | avremmo | offerto |
| offrireste | avreste | offerto |
| offrirebbero | avrebbero | offerto |

## IMPERATIVO

| — | (noi) | offriamo |
|---|---|---|
| (tu) offri | (voi) | offrite |
| (Lei) offra | (Loro) | offrano |

## INFINITO

| Presente | Passato |
|---|---|
| offrire | avere offerto |

## GERUNDIO

| Presente | Passato |
|---|---|
| offrendo | avendo offerto |

## PARTICIPIO

| Passato |
|---|
| offerto |

# riempire
## auffüllen

## INDICATIVO

| **Presente** | | **Passato prossimo** | |
|---|---|---|---|
| riempio | | ho | riempito |
| riempi | | hai | riempito |
| riempie | | ha | riempito |
| riempiamo | | abbiamo | riempito |
| riempite | | avete | riempito |
| riempiono | | hanno | riempito |

| **Imperfetto** | | **Trapassato prossimo** | |
|---|---|---|---|
| riempivo | | avevo | riempito |
| riempivi | | avevi | riempito |
| riempiva | | aveva | riempito |
| riempivamo | | avevamo | riempito |
| riempivate | | avevate | riempito |
| riempivano | | avevano | riempito |

| **Passato remoto** | | **Trapassato remoto** | |
|---|---|---|---|
| riempii | | ebbi | riempito |
| riempisti | | avesti | riempito |
| riempì | | ebbe | riempito |
| riempimmo | | avemmo | riempito |
| riempiste | | aveste | riempito |
| riempirono | | ebbero | riempito |

| **Futuro semplice** | | **Futuro anteriore** | |
|---|---|---|---|
| riempirò | | avrò | riempito |
| riempirai | | avrai | riempito |
| riempirà | | avrà | riempito |
| riempiremo | | avremo | riempito |
| riempirete | | avrete | riempito |
| riempiranno | | avranno | riempito |

## CONGIUNTIVO

| **Presente** | | **Passato** | |
|---|---|---|---|
| riempia | | abbia | riempito |
| riempia | | abbia | riempito |
| riempia | | abbia | riempito |
| riempiamo | | abbiamo | riempito |
| riempiate | | abbiate | riempito |
| riempiano | | abbiano | riempito |

| **Imperfetto** | | **Trapassato** | |
|---|---|---|---|
| riempissi | | avessi | riempito |
| riempissi | | avessi | riempito |
| riempisse | | avesse | riempito |
| riempissimo | | avessimo | riempito |
| riempiste | | aveste | riempito |
| riempissero | | avessero | riempito |

## CONDIZIONALE

| **Presente** | | **Passato** | |
|---|---|---|---|
| riempirei | | avrei | riempito |
| riempiresti | | avresti | riempito |
| riempirebbe | | avrebbe | riempito |
| riempiremmo | | avremmo | riempito |
| riempireste | | avreste | riempito |
| riempirebbero | | avrebbero | riempito |

## IMPERATIVO

| | | | |
|---|---|---|---|
| — | | *(noi)* | riempiamo |
| *(tu)* | riempi | *(voi)* | riempite |
| *(Lei)* | riempia | *(Loro)* | riempiano |

## INFINITO

| **Presente** | **Passato** |
|---|---|
| riempire | avere riempito |

## GERUNDIO

| **Presente** | **Passato** |
|---|---|
| riempiendo | avendo riempito |

## PARTICIPIO

| **Passato** |
|---|
| riempito |

# salire
(hinauf)steigen

**-l- → -lg-**

## INDICATIVO

| Presente | | Passato prossimo | |
|---|---|---|---|
| salgo | | sono | salito |
| sali | | sei | salito |
| sale | | è | salito |
| saliamo | | siamo | saliti |
| salite | | siete | saliti |
| salgono | | sono | saliti |

| Imperfetto | | Trapassato prossimo | |
|---|---|---|---|
| salivo | | ero | salito |
| salivi | | eri | salito |
| saliva | | era | salito |
| salivamo | | eravamo | saliti |
| salivate | | eravate | saliti |
| salivano | | erano | saliti |

| Passato remoto | | Trapassato remoto | |
|---|---|---|---|
| salii | | fui | salito |
| salisti | | fosti | salito |
| salì | | fu | salito |
| salimmo | | fummo | saliti |
| saliste | | foste | saliti |
| salirono | | furono | saliti |

| Futuro semplice | | Futuro anteriore | |
|---|---|---|---|
| salirò | | sarò | salito |
| salirai | | sarai | salito |
| salirà | | sarà | salito |
| saliremo | | saremo | saliti |
| salirete | | sarete | saliti |
| saliranno | | saranno | saliti |

## CONGIUNTIVO

| Presente | | Passato | |
|---|---|---|---|
| salga | | sia | salito |
| salga | | sia | salito |
| salga | | sia | salito |
| saliamo | | siamo | saliti |
| salite | | siate | saliti |
| salgano | | siano | saliti |

| Imperfetto | | Trapassato | |
|---|---|---|---|
| salissi | | fossi | salito |
| salissi | | fossi | salito |
| salisse | | fosse | salito |
| salissimo | | fossimo | saliti |
| saliste | | foste | saliti |
| salissero | | fossero | saliti |

## CONDIZIONALE

| Presente | | Passato | |
|---|---|---|---|
| salirei | | sarei | salito |
| saliresti | | saresti | salito |
| salirebbe | | sarebbe | salito |
| saliremmo | | saremmo | saliti |
| salireste | | sareste | saliti |
| salirebbero | | sarebbero | saliti |

## IMPERATIVO

| — | (noi) | saliamo |
|---|---|---|
| (tu) sali | (voi) | salite |
| (Lei) salga | (Loro) | salgano |

## INFINITO

| Presente | Passato |
|---|---|
| salire | essere salito |

## GERUNDIO

| Presente | Passato |
|---|---|
| salendo | essendo salito |

## PARTICIPIO

| Passato |
|---|
| salito |

# udire
### hören

betontes **u-** → **o-**

## INDICATIVO

| Presente | Passato prossimo | |
|---|---|---|
| odo | ho | udito |
| odi | hai | udito |
| ode | ha | udito |
| udiamo | abbiamo | udito |
| udite | avete | udito |
| odono | hanno | udito |

| Imperfetto | Trapassato prossimo | |
|---|---|---|
| udivo | avevo | udito |
| udivi | avevi | udito |
| udiva | aveva | udito |
| udivamo | avevamo | udito |
| udivate | avevate | udito |
| udivano | avevano | udito |

| Passato remoto | Trapassato remoto | |
|---|---|---|
| udii | ebbi | udito |
| udisti | avesti | udito |
| udì | ebbe | udito |
| udimmo | avemmo | udito |
| udiste | aveste | udito |
| udirono | ebbero | udito |

| Futuro semplice | Futuro anteriore | |
|---|---|---|
| ud(i)rò | avrò | udito |
| ud(i)rai | avrai | udito |
| ud(i)rà | avrà | udito |
| ud(i)remo | avremo | udito |
| ud(i)rete | avrete | udito |
| ud(i)ranno | avranno | udito |

## CONGIUNTIVO

| Presente | Passato | |
|---|---|---|
| oda | abbia | udito |
| oda | abbia | udito |
| oda | abbia | udito |
| udiamo | abbiamo | udito |
| udite | abbiate | udito |
| odano | abbiano | udito |

| Imperfetto | Trapassato | |
|---|---|---|
| udissi | avessi | udito |
| udissi | avessi | udito |
| udisse | avesse | udito |
| udissimo | avessimo | udito |
| udiste | aveste | udito |
| udissero | avessero | udito |

## CONDIZIONALE

| Presente | Passato | |
|---|---|---|
| ud(i)rei | avrei | udito |
| ud(i)resti | avresti | udito |
| ud(i)rebbe | avrebbe | udito |
| ud(i)remmo | avremmo | udito |
| ud(i)reste | avreste | udito |
| ud(i)rebbero | avrebbero | udito |

## IMPERATIVO

| | | | |
|---|---|---|---|
| — | | (noi) | udiamo |
| (tu) | odi | (voi) | udite |
| (Lei) | oda | (Loro) | odano |

## INFINITO

| Presente | Passato |
|---|---|
| udire | avere udito |

## GERUNDIO

| Presente | Passato |
|---|---|
| udendo | avendo udito |

## PARTICIPIO

| Passato |
|---|
| udito |

# uscire
## ausgehen

betontes **u-** → **e-**

## INDICATIVO

| Presente | Passato prossimo | |
|---|---|---|
| esco | sono | uscito |
| esci | sei | uscito |
| esce | è | uscito |
| usciamo | siamo | usciti |
| uscite | siete | usciti |
| escono | sono | usciti |

| Imperfetto | Trapassato prossimo | |
|---|---|---|
| uscivo | ero | uscito |
| uscivi | eri | uscito |
| usciva | era | uscito |
| uscivamo | eravamo | usciti |
| uscivate | eravate | usciti |
| uscivano | erano | usciti |

| Passato remoto | Trapassato remoto | |
|---|---|---|
| uscii | fui | uscito |
| uscisti | fosti | uscito |
| uscì | fu | uscito |
| uscimmo | fummo | usciti |
| usciste | foste | usciti |
| uscirono | furono | usciti |

| Futuro semplice | Futuro anteriore | |
|---|---|---|
| uscirò | sarò | uscito |
| uscirai | sarai | uscito |
| uscirà | sarà | uscito |
| usciremo | saremo | usciti |
| uscirete | sarete | usciti |
| usciranno | saranno | usciti |

## CONGIUNTIVO

| Presente | Passato | |
|---|---|---|
| esca | sia | uscito |
| esca | sia | uscito |
| esca | sia | uscito |
| usciamo | siamo | usciti |
| usciate | siate | usciti |
| escano | siano | usciti |

| Imperfetto | Trapassato | |
|---|---|---|
| uscissi | fossi | uscito |
| uscissi | fossi | uscito |
| uscisse | fosse | uscito |
| uscissimo | fossimo | usciti |
| usciste | foste | usciti |
| uscissero | fossero | usciti |

## CONDIZIONALE

| Presente | Passato | |
|---|---|---|
| uscirei | sarei | uscito |
| usciresti | saresti | uscito |
| uscirebbe | sarebbe | uscito |
| usciremmo | saremmo | usciti |
| uscireste | sareste | usciti |
| uscirebbero | sarebbero | usciti |

## IMPERATIVO

| | | | |
|---|---|---|---|
| — | | (noi) | usciamo |
| (tu) | esci | (voi) | uscite |
| (Lei) | esca | (Loro) | escano |

## INFINITO

| Presente | Passato |
|---|---|
| uscire | essere uscito |

## GERUNDIO

| Presente | Passato |
|---|---|
| uscendo | essendo uscito |

## PARTICIPIO

| Passato |
|---|
| uscito |

# venire
## kommen

## INDICATIVO

| Presente | | Passato prossimo | |
|---|---|---|---|
| vengo | | sono | venuto |
| vieni | | sei | venuto |
| viene | | è | venuto |
| veniamo | | siamo | venuti |
| venite | | siete | venuti |
| vengono | | sono | venuti |

| Imperfetto | | Trapassato prossimo | |
|---|---|---|---|
| venivo | | ero | venuto |
| venivi | | eri | venuto |
| veniva | | era | venuto |
| venivamo | | eravamo | venuti |
| venivate | | eravate | venuti |
| venivano | | erano | venuti |

| Passato remoto | | Trapassato remoto | |
|---|---|---|---|
| venni | | fui | venuto |
| venisti | | fosti | venuto |
| venne | | fu | venuto |
| venimmo | | fummo | venuti |
| veniste | | foste | venuti |
| vennero | | furono | venuti |

| Futuro semplice | | Futuro anteriore | |
|---|---|---|---|
| verrò | | sarò | venuto |
| verrai | | sarai | venuto |
| verrà | | sarà | venuto |
| verremo | | saremo | venuti |
| verrete | | sarete | venuti |
| verranno | | saranno | venuti |

## CONGIUNTIVO

| Presente | | Passato | |
|---|---|---|---|
| venga | | sia | venuto |
| venga | | sia | venuto |
| venga | | sia | venuto |
| veniamo | | siamo | venuti |
| veniate | | siate | venuti |
| vengano | | siano | venuti |

| Imperfetto | | Trapassato | |
|---|---|---|---|
| venissi | | fossi | venuto |
| venissi | | fossi | venuto |
| venisse | | fosse | venuto |
| venissimo | | fossimo | venuti |
| veniste | | foste | venuti |
| venissero | | fossero | venuti |

## CONDIZIONALE

| Presente | | Passato | |
|---|---|---|---|
| verrei | | sarei | venuto |
| verresti | | saresti | venuto |
| verrebbe | | sarebbe | venuto |
| verremmo | | saremmo | venuti |
| verreste | | sareste | venuti |
| verrebbero | | sarebbero | venuti |

## IMPERATIVO

| | | | |
|---|---|---|---|
| — | | *(noi)* | veniamo |
| *(tu)* | vieni | *(voi)* | venite |
| *(Lei)* | venga | *(Loro)* | vengano |

## INFINITO

| Presente | Passato |
|---|---|
| venire | essere venuto |

## GERUNDIO

| Presente | Passato |
|---|---|
| venendo | essendo venuto |

## PARTICIPIO

| Passato |
|---|
| venuto |

# ẹssere amato
### geliebt werden

Ist das Subjekt feminin oder Plural, so richtet sich das Partizip danach:
*Carla è amata, i ragazzi sono stati invitati…*

## INDICATIVO

| Presente | | Passato prossimo | | |
|---|---|---|---|---|
| sono | amato | sono | stato | amato |
| sei | amato | sei | stato | amato |
| è | amato | è | stato | amato |
| siamo | amati | siamo | stati | amati |
| siete | amati | siete | stati | amati |
| sono | amati | sono | stati | amati |

| Imperfetto | | Trapassato prossimo | | |
|---|---|---|---|---|
| ero | amato | ero | stato | amato |
| eri | amato | eri | stato | amato |
| era | amato | era | stato | amato |
| eravamo | amati | eravamo | stati | amati |
| eravate | amati | eravate | stati | amati |
| ẹrano | amati | ẹrano | stati | amati |

| Passato remoto | | Trapassato remoto | | |
|---|---|---|---|---|
| fui | amato | fui | stato | amato |
| fosti | amato | fosti | stato | amato |
| fu | amato | fu | stato | amato |
| fummo | amati | fummo | stati | amati |
| foste | amati | foste | stati | amati |
| fụrono | amati | fụrono | stati | amati |

| Futuro semplice | | Futuro anteriore | | |
|---|---|---|---|---|
| sarò | amato | sarò | stato | amato |
| sarai | amato | sarai | stato | amato |
| sarà | amato | sarà | stato | amato |
| saremo | amati | saremo | stati | amati |
| sarete | amati | sarete | stati | amati |
| saranno | amati | saranno | stati | amati |

## CONGIUNTIVO

| Presente | | Passato | | |
|---|---|---|---|---|
| sia | amato | sia | stato | amato |
| sia | amato | sia | stato | amato |
| sia | amato | sia | stato | amato |
| siamo | amati | siamo | stati | amati |
| siate | amati | siate | stati | amati |
| sịano | amati | sịano | stati | amati |

| Imperfetto | | Trapassato | | |
|---|---|---|---|---|
| fossi | amato | fossi | stato | amato |
| fossi | amato | fossi | stato | amato |
| fosse | amato | fosse | stato | amato |
| fọssimo | amati | fọssimo | stati | amati |
| foste | amati | foste | stati | amati |
| fọssero | amati | fọssero | stati | amati |

## CONDIZIONALE

| Presente | | Passato | | |
|---|---|---|---|---|
| sarei | amato | sarei | stato | amato |
| saresti | amato | saresti | stato | amato |
| sarebbe | amato | sarebbe | stato | amato |
| saremmo | amati | saremmo | stati | amati |
| sareste | amati | sareste | stati | amati |
| sarẹbbero | amati | sarẹbbero | stati | amati |

## IMPERATIVO

| — | | (noi) | siamo | amati |
|---|---|---|---|---|
| (tu) | sii amato | (voi) | siate | amati |
| (Lei) | sia amato | (Loro) | sịano | amati |

## INFINITO

| Presente | Passato |
|---|---|
| ẹssere amato | ẹssere stato amato |

## GERUNDIO

| Presente | Passato |
|---|---|
| essendo amato | essendo stato amato |

## PARTICIPIO

**Passato**
stato amato

# venire amato

## geliebt werden

Ist das Subjekt feminin oder Plural, so richtet sich das Partizip danach: *la porta viene chiusa…*

## INDICATIVO

| Presente | | Passato prossimo |
|---|---|---|
| vengo | amato | — |
| vieni | amato | — |
| viene | amato | — |
| veniamo | amati | — |
| venite | amati | — |
| vengono | amati | — |

| Imperfetto | | Trapassato prossimo |
|---|---|---|
| venivo | amato | — |
| venivi | amato | — |
| veniva | amato | — |
| venivamo | amati | — |
| venivate | amati | — |
| venivano | amati | — |

| Passato remoto | | Trapassato remoto |
|---|---|---|
| venni | amato | — |
| venisti | amato | — |
| venne | amato | — |
| venimmo | amati | — |
| veniste | amati | — |
| vennero | amati | — |

| Futuro semplice | | Futuro anteriore |
|---|---|---|
| verrò | amato | — |
| verrai | amato | — |
| verrà | amato | — |
| verremo | amati | — |
| verrete | amati | — |
| verranno | amati | — |

## CONGIUNTIVO

| Presente | | Passato |
|---|---|---|
| venga | amato | — |
| venga | amato | — |
| venga | amato | — |
| veniamo | amati | — |
| veniate | amati | — |
| vengano | amati | — |

| Imperfetto | | Trapassato |
|---|---|---|
| venissi | amato | — |
| venissi | amato | — |
| venisse | amato | — |
| venissimo | amati | — |
| veniste | amati | — |
| venissero | amati | — |

## CONDIZIONALE

| Presente | | Passato |
|---|---|---|
| verrei | amato | — |
| verresti | amato | — |
| verrebbe | amato | — |
| verremmo | amati | — |
| verreste | amati | — |
| verrebbero | amati | — |

## IMPERATIVO

| | | | |
|---|---|---|---|
| — | | (noi) | veniamo amati |
| (tu) | vieni amato | (voi) | venite amati |
| (Lei) | venga amato | (Loro) | vengano amati |

## INFINITO

| Presente | Passato |
|---|---|
| venire amato | — |

## GERUNDIO

| Presente | Passato |
|---|---|
| venendo amato | — |

## PARTICIPIO

| Passato |
|---|
| — |

# lavarsi
### sich waschen

Reflexive Verben werden in den zusammengesetzten Zeiten stets mit *essere* konjugiert.

## INDICATIVO

**Presente**
| | |
|---|---|
| *mi* | lavo |
| *ti* | lavi |
| *si* | lava |
| *ci* | laviamo |
| *vi* | lavate |
| *si* | lavano |

**Passato prossimo**
| | | |
|---|---|---|
| *mi* | sono | lavato |
| *ti* | sei | lavato |
| *si* | è | lavato |
| *ci* | siamo | lavati |
| *vi* | siete | lavati |
| *si* | sono | lavati |

**Imperfetto**
| | |
|---|---|
| *mi* | lavavo |
| *ti* | lavavi |
| *si* | lavava |
| *ci* | lavavamo |
| *vi* | lavavate |
| *si* | lavavano |

**Trapassato prossimo**
| | | |
|---|---|---|
| *mi* | ero | lavato |
| *ti* | eri | lavato |
| *si* | era | lavato |
| *ci* | eravamo | lavati |
| *vi* | eravate | lavati |
| *si* | erano | lavati |

**Passato remoto**
| | |
|---|---|
| *mi* | lavai |
| *ti* | lavasti |
| *si* | lavò |
| *ci* | lavammo |
| *vi* | lavaste |
| *si* | lavarono |

**Trapassato remoto**
| | | |
|---|---|---|
| *mi* | fui | lavato |
| *ti* | fosti | lavato |
| *si* | fu | lavato |
| *ci* | fummo | lavati |
| *vi* | foste | lavati |
| *si* | furono | lavati |

**Futuro semplice**
| | |
|---|---|
| *mi* | laverò |
| *ti* | laverai |
| *si* | laverà |
| *ci* | laveremo |
| *vi* | laverete |
| *si* | laveranno |

**Futuro anteriore**
| | | |
|---|---|---|
| *mi* | sarò | lavato |
| *ti* | sarai | lavato |
| *si* | sarà | lavato |
| *ci* | saremo | lavati |
| *vi* | sarete | lavati |
| *si* | saranno | lavati |

## CONGIUNTIVO

**Presente**
| | |
|---|---|
| *mi* | lavi |
| *ti* | lavi |
| *si* | lavi |
| *ci* | laviamo |
| *vi* | laviate |
| *si* | lavino |

**Passato**
| | | |
|---|---|---|
| *mi* | sia | lavato |
| *ti* | sia | lavato |
| *si* | sia | lavato |
| *ci* | siamo | lavati |
| *vi* | siate | lavati |
| *si* | siano | lavati |

**Imperfetto**
| | |
|---|---|
| *mi* | lavassi |
| *ti* | lavassi |
| *si* | lavasse |
| *ci* | lavassimo |
| *vi* | lavaste |
| *si* | lavassero |

**Trapassato**
| | | |
|---|---|---|
| *mi* | fossi | lavato |
| *ti* | fossi | lavato |
| *si* | fosse | lavato |
| *ci* | fossimo | lavati |
| *vi* | foste | lavati |
| *si* | fossero | lavati |

## CONDIZIONALE

**Presente**
| | |
|---|---|
| *mi* | laverei |
| *ti* | laveresti |
| *si* | laverebbe |
| *ci* | laveremmo |
| *vi* | lavereste |
| *si* | laverebbero |

**Passato**
| | | |
|---|---|---|
| *mi* | sarei | lavato |
| *ti* | saresti | lavato |
| *si* | sarebbe | lavato |
| *ci* | saremmo | lavati |
| *vi* | sareste | lavati |
| *si* | sarebbero | lavati |

## IMPERATIVO

| | | | |
|---|---|---|---|
| — | | *(noi)* | laviamoci |
| *(tu)* | lavati | *(voi)* | lavatevi |
| *(Lei)* | si lavi | *(Loro)* | si lavino |

## INFINITO

**Presente**
lavarsi

**Passato**
essersi lavato

## GERUNDIO

**Presente**
lavandosi

**Passato**
essendosi lavato

## PARTICIPIO

**Passato**
lavatosi

# Präpositionen der häufigsten Verben

Dem Italienischlernenden kann der Gebrauch der richtigen Präposition nach einem Verb – ob mit oder ohne Infinitiv – Schwierigkeiten bereiten. Die folgende Auswahl berücksichtigt daher vor allem Verben, die im Italienischen eine andere Präposition führen als im Deutschen.

Verwendete Abkürzungen:
*qc = qualcosa* (etwas), *qu = qualcuno* (jemand/jemanden/jemandem)
etw. = etwas, jd = jemand, jdm = jemandem, jdn = jemanden

abusare **di** qc/qu ............... Abusare dell'alcool può essere molto pericoloso. – *etw./jdn missbrauchen*

accontentarsi **di** qc ........... Mi accontento di starti vicino. – *sich mit etw. zufrieden geben*

accorgersi **di** qc ................. Sua madre si accorge di tutto. – *etw. (be)merken*

accusare qu **di** qc ............... Berlusconi è stato accusato di concussione. – *jdn einer Sache beschuldigen*

adattarsi **a** fare qc ............. Giulia si è dovuta adattare a vivere al piano terra. – *sich (damit) abfinden, etw. zu tun*

aiutare qu **a** fare qc ........... Se vuoi, ti aiuto a preparare le valige. – *jdm helfen, etw. zu tun*

andare **a** fare qc ............... Vado a fare la spesa. – *etw. tun gehen*

approffittare **di** qc/qu ........ Se non ti dispiace, approffitto della tua gentilezza. – *von etw./jdm profitieren*

aproffittare **di** qc ............. Oliver approffitta dell'assenza dei suoi genitori per fare grandi feste. – *etw. (aus)nutzen*

arrabbiarsi **con** qu **per** qc .. Mi sono arrabbiata con Sandro per il suo disordine. – *sich über jdn wegen etw. ärgern*

ascoltare qu/qc ................. Ogni sera a mezzanotte ascolto le notizie in italiano. – *jdm/einer Sache zuhören*

aspettare qu/qc ................. Li ho aspettati fino alle 10 e poi me ne sono andata. – *auf jdn/etw. warten*

aspettare **di** fare qc ........... Aspetto di andare in pensione e poi faccio il giro del mondo. – *(darauf) warten, etw. zu tun*

assistere **a** qc ..................... Ho assistito anch'io all'ultimo concerto di Luciano Pavarotti. – *einer Sache beiwohnen, an etw. teilnehmen*

assistere qu ........................ Quando mio padre era malato l'ho assistito io. – *jdm beistehen/helfen*

astenersi **da** qc ................. Qualcuno si è astenuto dalle votazioni. – *sich einer Sache enthalten*

attenersi **a** qc .................... Per favore attenetevi alle istruzioni! – *sich an etw. halten*

augurare qc **a** qu ............... Ti auguro delle belle vacanze. – *jdm etw. wünschen*

augurare **a** qu **di** fare qc .... Ti auguro di fare belle vacanze. – *jdm wünschen, etw. zu tun*

augurarsi **di** fare qc ........... Mi auguro di rivederti presto. – *sich wünschen, etw. zu tun*

**basarsi su** qc ....................... Spesso è utile basarsi sul proprio intuito. – *sich auf etw. stützen*

**cedere a** qu/qc ..................... Ho dovuto cedere alla sua insistenza. – *jdm / einer Sache nachgeben*

**cercare di** fare qc ................ Cercava di aiutarlo, ma lui non voleva. – *versuchen, etw. zu tun*

**chiedere** qc **a** qu ................ Giusi mi ha chiesto la macchina per sabato. – *jdn um etw. bitten*

**chiedere di** qu .................... Adam ha chiesto di te. – *nach jdm fragen*

**chiedere a** qu **di** fare qc ...... Giusi mi ha chiesto di prestarle la macchina. – *jdn bitten, etw. zu tun*

**cominciare/ricominciare da** qc .. „Ricomincio da 3" è il primo film di Massimo Troisi. – *bei etw. anfangen*

**cominciare a** fare qc .......... Piano piano, comincio a capire come sei fatto. – *beginnen, etw. zu tun*

**commerciare in** qc ............ Il signor Tommasini commercia in stoffe e pellami. – *mit etw. handeln*

**comporsi di** qc ..................... La commissione di esame si compone di 5 membri. – *aus etw. bestehen*

**confessare** qc **a** qu .............. Ti confesso la mia ignoranza. – *jdm etw. gestehen*

**confessare a** qu **di** fare qc .. Ti confesso di non capire niente. – *jdm gestehen, etw. zu tun*

**confidarsi con** qu .............. Quando ho problemi mi confido sempre con la mia amica Gloria. – *sich jdm anvertrauen*

**congratularsi con** qu ........ Mi congratulo con te per i tuoi bellissimi voti. – *jdm zu etw. gratulieren*
  **di/per** qc

**consigliare** qc **a** qu ............ Le consiglio gli gnocchi alla salvia. – *jdm etw. empfehlen*

**consigliare a** qu **di** fare qc .. Le consiglio di provare questi gnocchi. – *jdm raten, etw. zu tun*

**consistere di** qc ................. La casa consiste di tre stanze. – *aus etw. bestehen*

**consistere in** qc ................. In che cosa consiste la differenza? – *in/aus etw. bestehen*

**continuare a** fare qc .......... Paolo continua a dirmi che mi ama, ma io non ci credo. – *weiterhin etw. tun*

**contribuire a** qc.................. Contribuiamo anche noi alla salvaguardia dell'ambiente! – *zu etw. beitragen*

**convincere** qu **di** qc ............ L'ho convinto della mia innocenza. – *jdn von etw. überzeugen*

**convincere** qu **a** fare qc ...... Mi ha convinto a partire con lui. – *jdn überreden, etw. zu tun*

**costringere** qu **a** fare qc .... Non mi costringere a prendere provvedimenti. – *jdn zwingen, etw. zu tun*

**credere a** qu/qc ................. Credo ciecamente alla sua versione dei fatti. – *jdm / einer Sache glauben*

**credere in** qu/qc ............... Giovanni crede molto in Dio. – *an jdn/etw. glauben*

**credere di** avere fatto qc .... Credevo di avere capito tutto ma non era vero. – *glauben, etw. getan zu haben*

| | | |
|---|---|---|
| decidere | **di** fare qc............. | Mimma ha deciso di diventare più ordinata. – *beschließen, etw. zu tun* |
| dichiarare | **di** fare qc .......... | L'accusato ha dichiarato di essere innocente. – *erklären, etw. zu tun* |
| dimenticare | **di** fare qc ........ | Ho dimenticato di telefonare a Francesca. – *vergessen, etw. zu tun* |
| dire | qc **a** qu ....................... | Dimmi tutta la verità! – *jdm etw. sagen* |
| dire | **a** qu **di** fare qc ............ | Gli ho detto di non telefonarmi più. – *jdn bitten, etw. zu tun* |
| discutere | **di/su** qc .............. | Abbiamo discusso di politica tutta la notte. – *über etw. diskutieren* |
| disporre | **di** qc/qu ................ | Non disponevo di molti soldi quando ero studentessa. – *über etw./jdn verfügen* |
| distinguersi | **da** qu/qc ........ | La cucina francese si distingue dalle altre per la sua raffinatezza. – *sich von jdm/etw. unterscheiden* |
| distinguersi | **per** qc ............ | Monica si distingue sempre per la sua eleganza. – *sich in/durch etw. unterscheiden* |
| domandare | **di** qu .............. | Non domandare sempre di Alessandra, è partita per l'America. – *nach jdm fragen* |
| domandare | qc **a** qu............ | Domando la chiave a mia madre. – *jdn um etw. bitten* |
| dubitare | **di** qu/qc................ | Gianni dubita sempre di sè stesso e delle sue capacità. – *an jdm/etw. zweifeln* |
| evitare | **di** fare qc ................ | Evitiamo di fare tardi stasera, se è possibile! – *vermeiden, etw. zu tun* |
| fidarsi | **di** qu ........................ | Mi fido ciecamente di Giuliano. – *jdm vertrauen* |
| fingere | **di** fare qc................ | Fingeva di non capire ma si vedeva che non era vero. – *so tun, als ob* |
| finire | **di** fare qc .................. | Quando ho finito di studiare vado in Brasile. – *aufhören, etw. zu tun* |
| fondarsi | **su** qc ..................... | Ciò si fonda sul fatto che non tutti hanno capito quello che ho detto. – *sich auf etw. stützen* |
| fregarsene | **di** qu/qc............ | Non me ne frega niente della sua situazione. – *auf jdn/etw. pfeifen* |
| giurare | **di** fare qc................ | L'accusato ha giurato di essere innocente. – *schwören, etw. zu tun* |
| guardarsi | **da** qu/qc ............ | Ragazzi, guardatevi dalle cattive compagnie! – *sich vor jdm/etw. hüten* |
| illudersi | **di** essere qc .......... | Si illudeva di essere il più bravo. – *sich vormachen, etw. zu sein* |
| imparare | qc **da** qu.............. | Ho imparato l'ungherese da un mio amico. – *etw. von jdm lernen* |
| imparare | **a** fare qc .............. | Devi imparare ad ascoltare prima di parlare. – *etw. zu tun lernen* |

| | | |
|---|---|---|
| **impedire** **a** qu **di** fare qc .... | Mia madre mi ha impedito di venire alla tua festa. – *jdn (daran) hindern, etw. zu tun* |
| **incominciare** **a** fare qc ........ | Oggi incomincio a lavorare nella ditta di mio padre. – *beginnen, etw. zu tun* |
| **incoraggiare** qu **a** fare qc .. | Roberta incoraggiava sempre sua figlia a studiare di più. – *jdn ermutigen, etw. zu tun* |
| **informarsi** **su/di** qc/qu ........ | Dopo mi informo sugli orarai dei treni per Udine. – *sich über etw./jdn informieren* |
| **insegnare** qc **a** qu .............. | Insegno l'italiano ai tedeschi dal 1978. – *jdn etw. lehren* |
| **insegnare** **a** qu **a** fare qc .... | Se vuoi, ti insegno a usare il computer. – *jdm beibringen, etw. zu tun* |
| **insistere** **su** qc ................... | Insisto ancora una volta sulle mie proposte. – *auf etw. bestehen* |
| **intendersi** **di** qc ................. | Mi intendo molto di fotografia. – *sich in etw. auskennen* |
| **interessarsi** **di** qu/qc .......... | Mi interesso molto di letteratura. – *sich für jdn/etw. interessieren* |
| **innamorarsi** **di** qu/qc .......... | Mi sono innamorata di Raffaele e soprattutto della sua sincerità. – *sich in jdn/etw. verlieben* |
| **invitare** qu **a** qc ................. | Il 14 luglio vorrei invitarti alla mia festa di compleanno. – *jdn zu etw. einladen* |
| **invitare** qu **a** fare qc .......... | Ti invito a parlare più lentamente. – *jdn bitten, etw. zu tun* |
| **iscriversi** **a** qc ...................... | Mi sono iscritta all'Università di Venezia. – *sich bei etw. anmelden* |
| | |
| **lamentarsi** **di** qc/qu ............ | Gianna si lamenta sempre del suo lavoro. – *sich über etw./jdn beklagen* |
| **limitarsi** **a** qc ...................... | Dovremmo limitarci all'essenziale. – *sich auf etw. beschränken* |
| **limitarsi** **a** fare qc ................ | Mi limiterò a dire… – *sich (darauf) beschränken, etw. zu tun* |
| | |
| **meritare** **di** fare qc .............. | Sandro non merita di essere trattato così male. – *verdienen, etw. zu tun* |
| **mettersi** **a** fare qc .............. | Domani mi metto a studiare per l'esame di francese. – *beginnen, etw. zu tun* |
| | |
| **occuparsi** **di** qu/qc .............. | Mi occupo di linguistica. – *sich um jdn/etw. kümmern* |
| | |
| **parlare** **con** qu **di** qc/qu ...... | Ieri ho parlato con Gloria del suo ragazzo. – *mit jdm über etw./jdn sprechen* |
| **partecipare** **a** qc ................ | L'Italia ha partecipato ai mondiali di calcio. – *an etw. teilnehmen* |
| **pensare** **a** qu/qc .................. | Penso spesso a Daniele e alle nostre vacanze in Sardegna. – *an jdn/etw. denken* |
| **pensare** qc **di** qu/qc ............ | Che cosa pensi degli Italiani e della loro mentalità? – *etw. von jdm/etw. halten* |
| **pensare** **di** fare qc .............. | Quando pensi di partire? – *vorhaben, etw. zu tun* |

**perdonare** qc **a** qu .............. La signora Rossi perdona sempre i ritardi a suo marito. – *jdm etw. verzeihen*

**perdonare** qu ................... Va beh', ti perdono di avermi fatto aspettare così tanto. – **di** avere fatto qc *jdm verzeihen, etw. getan zu haben*

**pregare** qu **di** fare qc .......... Ti prego di venire puntuale, stasera. – *jdn bitten, etw. zu tun*

**preoccuparsi** ...................... Non ti preoccupare per me, sto bene. – *um jdn/etw.* **di/per** qu/qc *besorgt sein*

**preoccuparsi di** fare qc ...... Maurizio si preoccupa sempre di essere gentile. – *sich bemühen, etw. zu tun*

**prepararsi a** qc .................. Massimo si sta preparando alla visita di sua madre. – *sich auf etw. vorbereiten*

**promettere** qc **a** qu ............ Mi promette la luna e poi non succede mai niente. – *jdm etw. versprechen*

**promettere di** fare qc ........ Ti prometto di non parlare più di Roberto. – *versprechen, etw. zu tun*

**proporsi di** fare qc .............. Mi propongo sempre di essere ordinata e poi... – *sich vornehmen, etw. zu tun*

**proteggere** qu/qc .............. L'ombrello ci protegge dalla pioggia. – *jdn/etw. vor* **da** qu/qc *jdm/etw. schützen*

**provare a** fare qc ................ Provo a cercarlo sul lavoro. – *versuchen, etw. zu tun*

**provvedere a** qc/qu ............ Non ti preoccupare, provvedo a tutto io! – *für etw./jdn sorgen*

**raccontare** qc **a** qu ............ Mimma mi ha raccontato che Flavia è già partita. – *jdm etw. erzählen*

**raccontare di** qc/qu ............ Se vuoi ti racconto della mia infanzia in Italia. – *von/über etw./jdn erzählen*

**rassegnarsi a** fare qc .......... Gaia si è rassegnata a partire soltanto il 30 agosto. – *sich (damit) abfinden, etw. zu tun*

**reagire a** qc/qu .................. Devi reagire a questa situazione. – *auf etw./jdn reagieren*

**riconoscere** qu/qc **da** qc .... L'ho riconosciuto dalla voce. – *jdn/etw. an etw. erkennen*

**ricordare** qc **a** qu ................ Ti ricordo il tuo appuntamento con Daniel domani sera. – *jdn an etw. erinnern*

**ricordarsi di** qc .................. Mi devo assolutamente ricordare del compleanno di Paola. – *sich an etw. erinnern*

**ricordare/ricordarsi** .......... Mi devo ricordare di passare dal giornalaio. – *sich (daran)* **di** fare qc *erinnern, etw. zu tun*

**riempire** qc **di** qc ................ Riempio la mia stanza di cose inutili. – *etw. mit etw. füllen*

**rifiutare/rifiutarsi** .............. Roberto si è rifiutato di aiutare sua moglie. – *sich weigern,* **di** fare qc *etw. zu tun*

**ringraziare** qu **di/per** qc .... Ti ringrazio molto per la / della tua pazienza. – *jdn für etw. danken*

**rinunciare a** qc .................. Quest'anno non voglio rinunciare alle vacanze in Italia. – *auf etw. verzichten*

**rischiare di** fare qc .............. Rischiamo di perdere l'aereo se non ci muoviamo. – *riskieren, etw. zu tun*

| | |
|---|---|
| rispondere **a** qu | Gli ho risposto di no. – *jdm antworten* |
| rispondere **a** qc | Rispondo sempre alle lettere che ricevo. – *etw. beantworten* |
| rispondere **di** qu/qc | Rispondo io dei miei figli. – *für jdn/etw. bürgen* |
| ritornare **su** qc | Se vuoi, ritorniamo sull'argomento. – *auf etw. zurückkommen* |
| sapere qc **di** qu/qc | Tutto quello che so di lui, è che molto simpatico. – *etw. von jdm/etw. wissen* |
| sapere qc **da** qu | Ho saputo tutto da mio fratello. – *etw. von jdm erfahren* |
| sapere **di** qc | Questa minestra sa di bruciato. – *nach etw. schmecken* |
| scusarsi **con** qu **di/per** qc | Mimmo si è scusato con lei per non averla più chiamata. – *sich bei jdm für etw. entschuldigen* |
| servire qu | Perché servire sempre i potenti? – *jdm dienen* |
| servire qc | Ada mi ha servito un tiramisù favoloso. – *etw. servieren* |
| servire **a** qc | A che cosa mi serve questa cosa? – *zu etw. dienen* |
| servire **da** qc | Questo locale serve da magazzino. – *als etw. dienen* |
| servirsi **di** qc | Quando posso mi servo sempre dei mezzi pubblici. – *etw. benutzen* |
| sognare **(di)** qu/qc | Ho sognato (di) una spiaggia bellissima e (di) un ragazzo stupendo. – *von jdm/etw. träumen* |
| sognarsi **di** fare qc | Non ti sognerai mica di uscire con questo tempo!? – *sich einfallen lassen, etw. zu tun* |
| sospettare qu **di** qc | La signora Bianchi sospetta suo marito di tradimento. – *jdn einer Sache verdächtigen* |
| sospettare qc **in** qu | Non sospettavo tanta pazienza in lui. – *etw. bei jdm vermuten* |
| sostituire qu/qc **a/con** qu/qc | Bisogna sostituire la lampadina fulminata con una alogena. – *jdn/etw. durch jdn/etw. ersetzen* |
| telefonare **a** qu | Telefono a Renato e poi ti faccio sapere. – *mit jdm telefonieren, jdn anrufen* |
| temere **di** fare qc | Temeva di arrivare troppo tardi. – *fürchten, etw. zu tun* |
| tentare **di** fare qc | Ho tentato di imparare l'ungherese ma è una lingua molto difficile. – *versuchen, etw. zu tun* |
| tradurre qc **da** qc | Devo tradurre questo testo dall'inglese. – *etw. aus etw. übersetzen* |
| trattare/trattarsi **di** qc | Qui si tratta di vita o di morte! – *von etw. handeln / sich um etw. handeln* |
| vantarsi **di** qc | Lui si vanta sempre della sua bellezza. – *sich einer Sache rühmen* |
| vendicarsi **di** qc | Giuseppe si è vendicato del torto subito. – *sich für etw. rächen* |
| vergognarsi **di** qu/qc | Non ti vergognare mai delle tue origini. – *sich jds / einer Sache schämen* |

# Alphabetische Verbliste

In nachstehender Liste sind die wichtigsten regelmäßigen und unregelmäßigen italienischen Verben in alphabetischer Folge aufgeführt. Die Zahlen verweisen auf die Konjugationsnummern der in diesem Buch beispielhaft konjugierten Verben. Diese Musterverben sind grün hervorgehoben.

Verben, deren zusammengesetzte Zeiten mit dem Hilfsverb *essere* gebildet werden, sind durch < + E > gekennzeichnet, Verben mit wechselndem Gebrauch von *avere* und *essere* sind mit < + A/E > markiert. Alle übrigen Verben bilden die zusammengesetzten Zeiten mit *avere*.

Weitere verwendete Abkürzungen:

⊖ = fehlt
*cond.* = *Condizionale presente*
*fut.* = *Futuro semplice*
*p.p.* = *Participio passato*

*p.r.* = *Passato remoto*
*pres.* = *Presente*
*verbo imp.* = *verbo impersonale* (unpersönliches Verb)

## A

| | |
|---|---|
| applaudire | 101/104 |
| abbagliare | 14 |
| abbaiare | 13 |
| abbellire | 104 |
| abbigliare | 14 |
| abboccare | 7 |
| abbracciare | 6 |
| abbreviare | 13 |
| abbrustolire < + A/E > | 104 |
| abbrutire | 104 |
| abdicare | 7 |
| abolire | 104 |
| aborrire | 104/101 |
| abortire | 104 |
| abrogare | 11 |
| accadere < + E > | 18 |
| accalappiare | 13 |
| accalcare | 7 |
| accanirsi < + E > | 104 |
| accapigliarsi < + E > | 14 |
| accasciarsi < + E > | 9 |
| accecare < + A/E > | 7 |
| accendere | 83 |
| accerchiare | 13 |
| accingersi < + E > | 69 |
| accludere | 20 |
| accogliere | 21 |
| accondiscendere | 83 |
| acconsentire | 101 |
| accoppiare | 13 |
| accorciare < + A/E > | 6 |
| accorgersi < + E > | 94 |
| accorrere | 57 |
| accovacciarsi < + E > | 6 |
| accrescere < + A/E > | 58 |
| accucciarsi < + E > | 6 |
| accudire | 104 |
| acquisire | 104 |
| acuire | 104 |

| | |
|---|---|
| adagiare | 10 |
| addirsi < + E >, ⊖ p.r., | |
| ⊖ p.p. | 25 |
| addivvenire | 113 |
| addolcire | 104 |
| addolcirsi < + E > | 104 |
| addomesticare | 7 |
| addurre | 23 |
| adempiere | 22 |
| adempiere | 22 |
| adempire | 109 |
| aderire | 104 |
| adibire | 104 |
| adocchiare | 13 |
| affacciarsi < + E > | 6 |
| affaticare | 7 |
| affiancare | 7 |
| affibbiare | 13 |
| affievolirsi < + E > | 104 |
| affiggere | 49 |
| affliggere | 68 |
| afflosciarsi < + E > | 9 |
| affluire < + E > | 104 |
| affogare < + A/E > | 11 |
| affrancare | 7 |
| affumicare | 7 |
| agganciare | 6 |
| agghiacciare < + A/E > | 6 |
| aggiogare | 11 |
| aggiungere | 73 |
| aggredire | 104 |
| aggregare | 11 |
| aggrovigliare | 14 |
| agire | 104 |
| albeggiare < + E > | 10 |
| albergare | 11 |
| allacciare | 6 |
| allargare | 11 |
| allegare | 11 |
| alleggerire | 104 |
| allestire | 104 |

| | |
|---|---|
| alleviare | 13 |
| allibire < + E > | 104 |
| alloggiare | 10 |
| alludere | 20 |
| allungare | 11 |
| amare | 3 |
| ambire | 104 |
| ammaccare | 7 |
| ammaliare | 5 |
| ammattire < + E > | 104 |
| ammettere | 77 |
| ammiccare | 7 |
| ammobiliare | 13 |
| ammonire | 104 |
| ammorbidire < + A/E > | 104 |
| ammucchiare | 13 |
| ammuffire < + A/E > | 104 |
| ammutolire < + A/E > | 104 |
| amnistiare | 5 |
| ampliare | 5 |
| amplificare | 7 |
| andare < + E > | 4 |
| angosciare | 9 |
| angustiare | 13 |
| annaffiare | 13 |
| annebbiare | 13 |
| annegare < + A/E > | 11 |
| annerire < + A/E > | 104 |
| annettere | 88 |
| annichilire < + A/E > | 104 |
| annoiare | 13 |
| annuire | 104 |
| annunciare | 6 |
| annunziare | 13 |
| anteporre | 34 |
| appagare | 11 |
| appaiare | 13 |
| apparecchiare | 13 |
| apparire < + E > | 102 |
| appartenere < + A/E > | 43 |
| appassire < + E > | 104 |